北京教育学院2022年科研课题"法治理念下的中小学校教育惩戒权研究"（课题批准号YX2022-01）的成果之一

中小学教育惩戒行为基本原则及程序理念研究

孙 倩·著

人民法院出版社

图书在版编目（CIP）数据

中小学教育惩戒行为基本原则及程序理念研究 / 孙倩著. -- 北京：人民法院出版社，2023.3
ISBN 978-7-5109-3723-1

Ⅰ. ①中… Ⅱ. ①孙… Ⅲ. ①中小学教育－教育方法－研究②教育法－研究－中国 Ⅳ. ①G632.41 ②D922.164

中国国家版本馆CIP数据核字(2023)第014149号

中小学教育惩戒行为基本原则及程序理念研究

孙　倩　著

责任编辑	马　倩
执行编辑	姚丽蕾
封面设计	马永刚
出版发行	人民法院出版社
地　　址	北京市东城区东交民巷27号（100745）
电　　话	（010）67550605（执行编辑）　67550558（发行部查询） 　　　　　65223677（读者服务部）
客服QQ	2092078039
网　　址	http：//www.courtbook.com.cn
E - mail	courtpress@sohu.com
印　　刷	天津嘉恒印务有限公司
经　　销	新华书店
开　　本	787毫米×1092毫米　1/16
字　　数	108千字
印　　张	7.75
版　　次	2023年3月第1版　2023年3月第1次印刷
书　　号	ISBN 978-7-5109-3723-1
定　　价	30.00元

版权所有　侵权必究

前 言

关注中小学教育惩戒行为这一主题源于对以下几个问题的思考：一是对于教师惩戒的行使依据问题，虽然2020年底教育部发布的《中小学教育惩戒规则（试行）》允许教师实施必要的教育惩戒措施，但教育部发布的该规则在法律位阶上属于部门规章，同教育法、义务教育法的法律效力还是有明显差距的，因此教师教育惩戒的法律依据位阶不高，并且惩戒与体罚的区分还是不明确，在教育管理实践中仍然存在各种风险。二是关于教育惩戒的概念明确问题，学校行使的教育惩戒措施和教师行使的教育惩戒措施有哪些区别，区分的意义在哪里。在具体的行使过程中，教育惩戒和惩罚的是否有区分，区分的意义是什么。三是教育惩戒行为的实施是否需要遵循一定的程序。这一大问题里面包含三个小问题：教育惩戒行为需遵循正当程序的必要性研究；教育惩戒行为的限度该如何把握，怎样做到既教育学生又不侵害未成年人合法权益；教育惩戒的实际效果研究，如果惩戒本身产生不了实际效果，没有好的效果，就不如不用惩戒。

因此，目前亟需规范中小学教育惩戒行为，响应和贯彻习近平总书记依法治国的法治理念，开展依法治校，保证中小学校管理者和教师合理合法地行使教育惩戒措施，实现对学生有效地教育和管理。一方面保障学生的合法权益，另一方面通过法定程序的设置保障学校及教师的合法权益。从而有效规避法律风险，保障未成年人合法权益。

因此本书致力于解决两个问题，一个是对教育惩戒行为的行使依据进行研究，一个是对教育惩戒行为行使的程序进行研究。

目 录

第1章　研究综述 ……………………………………………（ 1 ）
1.1　中小学教育惩戒行为的概念性研究 …………………（ 1 ）
1.2　中小学教育惩戒行为的合法性研究 …………………（ 4 ）
　1.2.1　实体合法性 ……………………………………（ 4 ）
　1.2.2　程序合法性 ……………………………………（ 5 ）
1.3　中小学教育惩戒行为的理论性研究 …………………（ 6 ）
1.4　中小学教育惩戒行为的实践性探讨 …………………（ 8 ）

第2章　教育惩戒行为相关概念辨析 ………………………（ 12 ）
2.1　教育惩戒的法律渊源 …………………………………（ 12 ）
　2.1.1　全国性的规范性法律文件 ……………………（ 13 ）
　2.1.2　地方性教育立法规范性文件 …………………（ 14 ）
2.2　广义的教育惩戒 ………………………………………（ 15 ）
2.3　狭义的教育惩戒 ………………………………………（ 16 ）
2.4　教育惩戒与纪律处分的区别 …………………………（ 17 ）
　2.4.1　教育惩戒与纪律处分所依据的法律规范不同 …（ 17 ）
　2.4.2　教育惩戒与纪律处分具体措施完全不同 ………（ 19 ）
　2.4.3　教育惩戒与纪律处分产生的后果也有很大差异 …（ 22 ）

第3章　教育惩戒行为的权力探源 …………………………（ 25 ）
3.1　代理父母理论和特别权力关系理论下的武力惩罚 …（ 26 ）

    3.1.1 代理父母理论下的武力惩罚 ……………………………（27）
    3.1.2 特别权力关系理论下的武力惩罚 ………………………（28）
  3.2 基础关系理论与管理关系理论下的文书惩罚 ………………（28）

第4章 教育惩戒的种类及实践中面临的问题 ……………………（31）
  4.1 根据中小学生问题行为类型划分教育惩戒措施 ……………（31）
    4.1.1 中小学生问题行为的具体类型 …………………………（33）
    4.1.2 针对未成年人问题行为的不同类型采取不同的教育
         惩戒措施 ……………………………………………………（35）
  4.2 区分中小学教育惩戒中的正当行为与体罚 …………………（47）
    4.2.1 体罚的界定 ………………………………………………（48）
    4.2.2 对中小学生的不法侵害进行反击的行为是正当行为
         而非体罚 ……………………………………………………（50）
    4.2.3 明确区分教育惩戒中的正当行为和体罚 ………………（56）
    4.2.4 维护学校及教师合法权益 ………………………………（61）
  4.3 教育惩戒体系中纪律处分的规范化 …………………………（68）
    4.3.1 教育惩戒的实践焦虑：惩戒与体罚的区分 ……………（68）
    4.3.2 教育惩戒面临的新问题：纪律处分适用的扩大化与
         教育惩戒的纪律处分化 ……………………………………（71）
    4.3.3 教育惩戒措施的体系化：纪律处分的适用与规范 ……（72）

第5章 教育惩戒行为实施的基本原则和程序 ……………………（79）
  5.1 保障未成年人权益原则 …………………………………………（80）
  5.2 惩戒合理性原则 …………………………………………………（82）
    5.2.1 保证惩戒的具体措施与学生问题行为相适应 …………（82）
    5.2.2 规范惩戒用语 ……………………………………………（84）
    5.2.3 关注惩戒的具体情境 ……………………………………（85）
  5.3 保持惩戒的谦抑性原则 …………………………………………（86）

5.3.1 初犯不予惩戒 ·· (86)
　　5.3.2 设置惩戒犹豫制度 ·· (87)
　　5.3.3 慎用纪律处分 ·· (88)
5.4 遵循既定程序原则 ·· (90)
　　5.4.1 必须遵守的程序 ··· (91)
　　5.4.2 关于学生问题行为的控制、制止及检查 ·············· (94)

第6章　把握教育惩戒行为的德育内涵 ····················· (98)
6.1 教育惩戒具备的德育要素：对学生尊重、信任、平等相待 ··· (98)
　　6.1.1 教育惩戒中贯彻德育是教师的法定职责 ············· (99)
　　6.1.2 德育的必备要素：对学生尊重、信任、平等相待 ········ (99)
6.2 教育惩戒中德育实践之一：通过道德与法治课程落实
　　教育惩戒 ··· (100)
　　6.2.1 在道德与法律的关系中强化道德教育 ··············· (101)
　　6.2.2 引导学生明辨是非 ······································· (107)
6.3 教育惩戒的德育实践之二：学校德育工作如何落实
　　教育惩戒 ··· (111)
　　6.3.1 德育中的惩戒要完成三个阶段 ························ (111)
　　6.3.2 教育惩戒终极目的是消除学生的不良记录而不是产生
　　　　 不良记录 ·· (112)

第7章　结　语 ·· (115)

第1章 研究综述

近几年未成年人之间的校园欺凌案件、未成年人偷盗问题，甚至未成年学生侮辱殴打教师事件层出不穷，教师权威式微，无法有效管理学生，学校及教师进行教育惩戒时或不敢惩戒或滥用惩戒，引发一系列社会问题。鉴于此，2020年12月教育部颁布了《中小学教育惩戒规则（试行）》。随着中小学教育惩戒相关立法的推进，各种关于中小学教育惩戒的规范性文件的相继颁布，关于中小学教育惩戒的研究也逐渐增多。概括起来主要包括关于中小学教育惩戒的概念性研究、合法性研究、理论性研究、实践性探讨。

1.1 中小学教育惩戒行为的概念性研究

一是通过概念界定肯定与区分教育惩戒与教育惩罚。如劳凯声的《变革社会中的教育权与受教育权：教育法学基本问题研究》一书中对惩戒和惩罚作了明确界定，指出惩戒是通过对不合规范行为施与否定性的制裁，从而避免其再次发生，以促进合规范行为的产生和巩固。其目的在于诫勉，使未成年学生戒除不良行为，步入正轨，是以惩罚为手段，实现教育和纠正未成年人不良行为的目的；教师惩戒权既是教师依法行使的权力，也是教师的一种权利。提倡教师惩戒权的"去敏感化"，不能将惩戒等同于体罚，体罚具有肆意打骂、伤害和虐待的特征，而惩戒则没有。① 顾明远的《教育大辞典》界定教育惩罚为对个体或集体的不良行为给予否定或批评处分，与奖励相对。傅维利在《论教育中的惩罚》中指出学校需使用惩罚来维护规范的严肃性，保证教育工作有序运行。檀传宝的《论惩罚的教育意义及其实现》一文肯定适当体罚的教育意义，批判体罚中存在的抽象的人道主义错误认识。实际都是肯定中小学教育中教育惩罚存在的必要性，只是这个教育惩罚要强调诫勉的含义，因此不能称为教育惩罚，应当称为教育惩戒。

二是区分惩戒与管教。如我国台湾学者李惠宗在《教育行政法要义》一书中认为，管教是一种教育措施，由教师施行，以教育为目的，是一种不做成记录的事实行为；手段没有一定标准，包括口头责备、罚站、罚写作业、暂时性疼痛措施（如打手心、打屁股）或罚做特别动作（如青蛙跳）等。而惩戒是在管教无效后不得不采取的手段，本质上为教育行政措施，属于行政处分，应保留记录，由学校行政单位为之，具有令学生负责之意旨，包括学业性惩戒及纪律性惩戒。② 该区分，实际相当于我国大陆地区的适度"体罚"和纪律处分的区分，只不过给了这种适度"体罚"一个表面看起来合法的名称"管教"。

三是将教育惩戒界定为一种特殊的教育职务行为，是基于"教育管理权"而实施的教育管理措施。比如，秦梦群在《美国教育法与判例》一书中也指出，惩戒是学校为矫正学生的偏差行为，排除学生干扰或妨碍教学活动的各种不当行为，以建立起符合社会规范的行为而采取的强制性措施。③ 任海涛在《"教育惩戒"的概念界定》一文中从行政法的角度指出，教育惩戒的上位概念是行政惩戒，行政惩戒是组织因其成员违

---

① 劳凯声:《变革社会中的教育权与受教育权：教育法学基本问题研究》，教育科学出版社2003年版，第375~376页。

② 李惠宗:《教育行政法要义》，我国台湾地区元照出版有限公司2004年版，第123~125页。

③ 秦梦群:《美国教育法与判例》，我国台湾地区高等教育文化事业有限公司2004年版，第349页。

反相关成员义务而对该成员施加的制裁。针对的是拥有特定身份的成员，如对军人、法官、检察官、律师、公务员、教师、学生，都有专门的惩戒性制裁。法律对不特定身份公民设定的制裁，被称为"行政处罚"，而非"行政惩戒"。教育惩戒是基于学校"教育管理权"而实施的一种行为，是国家授予学校的一种准行政权力，因此，学校与学生之间形成的是特殊行政法律关系。作者通过对32种代表性文献进行分析归纳出教育惩戒概念的八大要素，核心内涵要素：惩戒是对学生偏差行为进行的一种否定性评价；目标要素：通过强制力和教育手段促进学生合范行为的产生；实施主体要素：学校或教师，学校为主体是"书面惩戒"，教师为主体是"批评教育"等事实行为；手段要素：物理上或心理上的强制力；后果要素：使其精神、身体、其他利益受损，或者剥夺其应享有的某种权利；性质要素：教育惩戒是一种重要的教育手段；分类要素：教育惩戒包含学业性惩戒和纪律性惩戒；合法性要素：教育惩戒与"体罚"具有显著区别。并指出，如果法律已经明确规定了具体处罚方式和程度的惩罚措施，如罚站、罚抄作业、罚进行劳动，都是合法的"惩戒措施"，就不应该被称为"体罚"。①

再如周贤日在《论教师的教育惩戒权》一文中将教育惩戒权界定为教师在教育教学管理工作中代表学校对学生的违纪违规甚至违法行为行使管理的权力，也可称为教育管理权，而教育惩戒就是教育管理措施。学校对学生不承担监护职责，因此学校内的教师与学生的法律关系应该界定为社会法律关系，教师行使的职权既不是纯粹的公权，也不是纯粹的私权；既不是权利，也不是权利兼义务。教师行使的职权是具有社会法意义的社会职权。制定和实施教育惩戒权要遵循儿童利益最大化原则，实施教育惩戒权的主体、教育惩戒的具体方式及其限度、教育惩戒的程

---

① 任海涛：《"教育惩戒"的概念界定》，载《华东师范大学学报（教育科学版）》2019年第4期。

序都要明确。① 陈胜祥在《"教师惩戒权"的概念辨析》中也认为教师惩戒权应是教师的权力，是教师的职权之一。权利表明教师在教育教学过程中享有的各项权利，而权力则侧重于教师根据自己的工作岗位履行教书育人的基本职责。强调教育惩戒既是教师的权利，也是教师的权力，明确了教育惩戒的主体是教师，更进一步强化了教育惩戒的必要性，教育惩戒不能随意放弃，更不能随意转移给学生或家长行使。教育惩戒权是教师必须履行的职责。

1.2　中小学教育惩戒行为的合法性研究

1.2.1　实体合法性

教师惩戒权是教师基于其职业身份而获得的一种强制性管理存在的权利，是教师的职业性权利之一。教师对学生具有惩罚权是自古以来的传统，从《教师法》第7条和第8条，《教育法》第44条都可以推导出中小学教师可以对违纪违规的中小学生实施惩罚，父母、教师和学校都有权利和义务保证中小学生履行受教育的义务、遵守学生守则、尊敬师长、遵守学校管理规定，否则要承担法律责任。国家既然为父母、教师和学校创设了上述权利和义务，也就意味着国家消除了对中小学生不履行相应义务的国家制裁，而国家制裁退居幕后，就表明立法者需要容忍父母、教师和学校对违反上述法律规定义务的中小学生的制裁，否则，父母、教师和学校将无法承受国家转嫁给他们的责任。这里的父母的制裁权表现为亲权中的制裁权，教师的制裁权表现为教育惩戒权，学校的制裁权主要表现为学校的处分权。所以，不是国家不允许惩罚未成年人

---

① 周贤日:《论教师教育惩戒权》，载《华南师范大学学报（社会科学版）》2020年第4期。

的不良行为,而是国家将这个惩罚的权力转嫁给了父母、教师和学校。中小学教育惩戒权面对的是中小学生,教育惩戒规章主要调整中小学教师对学生的教育惩戒,主要解决的是目前中小学教育实践中存在的"不敢惩戒"和"不会惩戒"的现象,而教育惩戒本来就是中小学教师日常教育教学中必然要使用的教育手段,是教师履行教育教学职责的必要手段和法定职权。因此可以将教育惩戒理解成教师基于职业身份而享有的社会公权力,那么法律可以不明确规定教育惩戒,只要教育惩戒规章与法律法规不抵触即可,所以单独制定教育惩戒规章的立法方式比较科学合理。[①]

而任海涛在《"教育惩戒"的性质及其法律体系构建——以〈教育法〉〈教师法〉为核心》一文中指出,应从国家教育法律体系的宏观层面上探讨教育惩戒法律体系的构建,应在教育法、教师法中增加教育惩戒的条文。教育惩戒权具有权力、权利、义务三重复合属性,应构建以教育法、教师法为中心的教育惩戒法律制度体系。[②] 言外之意,单独制定教育惩戒规章效力不高,实施起来效果有限,中小学教师的教育惩戒权仍然没有法律依据。

1.2.2 程序合法性

如谭晓玉在《教育惩戒权的法理学思考——兼评〈青岛市中小学校管理办法〉》一文中提出教育惩戒需要遵循正当程序,并列举美国中小学校在教育惩戒权正当程序方面的做法。根据《美国宪法第十四修正案》中"正当程序原则"规定,对惩戒进行程序合法性审查。程序合法性有四项判断标准:第一项事先告知,即学校要明确告知学生违反何种纪律有可

[①] 湛中乐、康骁:《教育惩戒规章的合法性分析》,载《复旦教育论坛》2020年第3期。

[②] 任海涛:《"教育惩戒"的性质及其法律体系构建——以〈教育法〉〈教师法〉为核心》,载《湖南师范大学教育科学学报》2019年第5期。

能遭到惩戒；第二项说明理由并听取学生的陈述，惩戒学生前要告知学生缘由并给学生申辩的机会；第三项有惩戒记录，为了对学生负责以及保护教师和学校相关工作人员，任何对学生采取的管教行6动都要有记录；第四项禁止教师单独惩戒学生：惩戒学生需要有至少一位教职员工在场作证。米基·英伯等著的《美国教育法》专章论述了惩戒权行使中的正当程序原则。

1.3 中小学教育惩戒行为的理论性研究

一是探讨立法理论类。如申素平在《教育惩戒立法研究》一文中提出，无论古今中外，体罚都曾经是或者仍然是惩戒的一种形式，体罚和变相体罚属于惩戒的下位概念，而立法层面要解决的问题是明确哪些惩戒方式应当被禁止，哪些惩戒方式应当被允许。教育惩戒立法的目的应当是保护和规范中小学教师实施教育惩戒。立法的重点是明确教师实施惩戒行为的性质，教师实施惩戒应该是教师的一种义务和责任，是一种职务行为，具有权力属性；教师实施惩戒来源于教师的专业自主权，而非国家权力的延伸；教师实施惩戒有两种可能性，一种是教师基于专业人员身份根据教育教学情境自主对学生实施惩戒，另一种是教师作为学校工作人员代理实施的惩戒。立法难点在于，平衡立法统一规范与教师自主权和学校自主权之间的关系，教师实施惩戒是其行使教育教学等自主权的行为，本质上是一种教育行为，而教育行为需要教师根据具体情境和学生个性特征进行差异化处理，以体现因材施教。因此惩戒原则，除了合法性，还要求有教育性和差异性，注重个体差异，而不可套用行政处罚原则一味追求纠错或平等。因此，对教师实施惩戒的条件、方式和程序只需进行低密度、低强度的规制，不宜将其格式化、标准化、程序化。[①]

朱春英的《教师惩戒权立法的理论基础与立法结构》通过解析我国

[①] 申素平:《教育惩戒立法研究》，载《中国教育学刊》2020年第3期。

教育法律法规中关于学校、教师惩戒行为的相关法律条例，论证教师惩戒行为的合理性以及立法上的不足，提出立法建议。再如曹辉的《国内外教师惩戒权立法研究综述》、李朝恒的《我国教师惩戒权的立法新探》从国外教师惩戒权管理新规定的角度为我国教师惩戒权立法提供借鉴。钟勇为通过《我国教师惩戒权的立法设计探微》等多篇文章提出出台《教师惩戒条例》，遵循预防性原则、双向性原则、权利与义务原则和协调性原则等构想。

管华在《教育惩戒权的法理基础重述》一文中，提出教育惩戒权立法具备国家立法、司法和行政三方面的制度基础，在立法基础上，《教育法》第29条规定，学校有自主管理学生的权利，对受教育者实施奖励或处分的权利。《教师法》第3条和第7条规定教师是履行教育教学职责的专业人员，教师享有进行教育教学活动、指导学生学习发展、评定学生品行和学业成绩的权利。《义务教育法》第27条规定，对违反管理制度的学生，学校应当批评教育。《未成年人保护法》《预防未成年人犯罪法》均规定，对于学生的不良行为，学校应及时制止，加强教育管理，家长应配合加以管教。这些法律所称的"批评教育""管教""制止""教育管理""矫正""严加管教""帮教"等都是教育惩戒权的来源和形式。在司法基础上，教师突破惩戒限度，体罚学生造成严重后果的，构成犯罪，而教师体罚学生还应承担民事责任，并且基于受教育权被侵犯可以提起行政诉讼。在行政基础上，我国存在大量规范性文件要求对违纪学生进行惩戒。目前，居于主流地位的教育惩戒权的国家教育权范式在延伸之后，面临难以克服的悖论，惩戒行为与国家行政行为毕竟有很大区别，从社会权力角度出发理解教育惩戒权，具有更强的解释力。教育惩戒权的宪法依据不是《宪法》第19条国家发展教育，而应是《宪法》第46条受教育基本权利和第49条儿童受特别保护权。[①]

---

① 管华:《教育惩戒权的法理基础重述》，载《华东师范大学学报(教育科学版)》2020年第3期。

二是制度建设类。如任海涛的《"教育惩戒"的性质及其法律体系构建——以〈教育法〉〈教师法〉为核心》提出教育惩戒权具有权力、权利、义务三重复合属性，应构建以《教育法》《教师法》为中心的教育惩戒法律制度体系。蒋一之的《惩戒教育的理论与实践》探讨了心理学和法学视野下惩戒教育制度的建设及惩戒教育的具体措施。方益权等的《论我国教师个体惩戒权法律制度的构建》提出教师有权行使惩戒权，并在行使条件、行使程序以及学生权利救济方面提出要求。

三是心理建设类。如张中原的《教育惩戒的人性论审视》一文提出教育惩戒服务于教育目的，而教育目的与教育需要密不可分。教育的根本目的在于满足和促进人的发展需要和社会的发展需要，因此教育惩戒作为一种管理手段要满足人的需要即教师需要与学生需要、社会需要即学校需要和班集体需要。教育惩戒的目标是使道德缺失的学生认识和改正错误，而学生道德缺失的人性根源包括学生道德理性能力的缺失；道德情感中消极情感情绪重；欲望普遍过度膨胀而无法自己有效遏制。因此，教育惩戒要有效针对这些问题实施人性化策略：培育公共理性、培养社会公德，引导学生运用公共理性分析自己不良行为产生的原因、后果，以及自己应当承担的责任；发展交往理性，关注学生消极不良情绪，及时缓解或转化学生不良情绪情感，通过师生和学生之间相互交流、换位思考，提升学生的道德交往理性能力，通过心理健康教育，使学生掌握消解或转化冲动等不良情绪情感的方法；提高意志力、有效节制欲望，教育惩戒需关注不良行为根源，着眼于学生欲望的控制和转化，合理引导和发展学生积极、良善的社会性需要。①

1.4　中小学教育惩戒行为的实践性探讨

一是批判现状类。如闻志强的《教育惩戒的中国问题及其应对》一

---

①　张中原：《教育惩戒的人性论审视》，载《教育研究与实验》2020 年第 4 期。

文着眼于教育实践中问题,提出教育惩戒的目的在于矫正单极化的赏识教育,树立赏惩并重的教育理念。目前的教育实践中,普遍存在难以有效管理的违纪学生,其失范行为不乏违纪违规甚至违法犯罪行为,使得赏识教育存在明显局限。目前我国教育惩戒存在教育理念单极化,过于强调赏识教育;而师生关系中的"权利与义务""权力与职责"范畴认识有误、界定失衡,教师的权利和职责被过度压缩,而学生的权利受到过度宣扬或拔高,并严重忽视了义务的履行;家长、媒体等社会舆论环境的影响,很多事件被过度渲染和放大,造成不良后果,导致学校和教师谈惩戒、体罚而色变;教育惩戒的法定地位与内涵不明确。针对这些现实问题,作者提出我国教育惩戒需要树立赏惩并重的教育理念,摆正师生关系,平衡权利义务、权力责任两对范畴,明确教育惩戒的法治地位、依法惩戒。①

刘长海的《学生管理育人本位的复归:美国学生惩戒研究最新进展及其启示》针对目前美国学校滥用惩戒,过分依赖和滥用停学处分,惩戒可能存在歧视或有失公正,停学等处分可能给学生带来不良影响,提出我国教育惩戒要以人为本,建立多层级的惩戒体系,防止惩戒权滥用,以引导为主,惩戒为辅。蔡文枝等的《教师惩戒权不得随意放弃和转移》对现实中教师对惩戒权随意放弃和随意转移给家长或学生行使的现象进行批判,进一步明确教师惩戒权行使的主体。如有学者批判的,对成绩不佳或有不良行为的未成年学生采取强制替代教育的行为,提出强制替代教育会将贫穷的和少数民族学生边缘化。②

二是权益保护类。如申素平的《教育法学:原理、规范与应用》专门研究了对惩戒的权利救济问题。王辉的《教师惩戒权行使中的侵权与

---

① 闻志强:《教育惩戒的中国问题及其应对》,载《大连理工大学学报(社会科学版)》2020年第2期。

② Geronimo, Deconstructing the Marginalization of Underclass Students: Disciplinary Alternative Education, University of Toledo Law Review, Vol. 42, Issue 2 (Winter 2011), p. 429-466.

救济研究》提出探讨学生权利救济的途径和惩戒权行使的监督机制。万华的《师生权益保护热点问题的法律透视》重点讨论了教师如何正确行使惩戒权以及中小学反教育性惩戒的现象、危害与法律责任等。还有学者提出教育惩戒不仅要明确具体方式,还要确定具体限度,如马焕灵等在《论教育惩戒的限度》一文中提出教育惩戒的缘由限度、形式限度以及程度限度,教育惩戒的缘由要限于违反最小化秩序的纪律规范行为,形式限度,推行符合教育目的和教育规律的诫勉、权利取消、做公共服务、纪律处分、口头或书面检讨等教育惩戒形式。程度限度,要求教育惩戒要有数量上的度。① 周洪宇、方晶的《教育惩戒的实践困惑与理论研究》一文提出,教育惩戒具体规则不仅需要明确具体的惩戒措施和限度,还需要考虑其实践性,因此教育惩戒权的性质统一于教师职权,明确惩戒是教师作为专业人员获得的授权,更有利于惩戒权的实践。② 严育洪的《教育惩戒的场合分析与尺度把握》一书详细列出了日常教育教学中比较常见的且需要教师进行管理和惩戒的行为,并进行了系统的分析,给出了专业的教育建议,为教师处理好这些学生常见的错误行为提供了具体的操作尺度。③

三是实践中体罚与惩戒的区分。如有学者通过讨论 Ingraham V. Wright 等学校体罚学生案例,强调体罚实施过程中未成年人权益保障,包括听证权和父母知情权、在场权等。④ 有学者从学校教育中的体罚与父母对儿童的体罚对比的角度,指出教师体罚学生的特殊性,包括教师的

---

① 马焕灵、曹丽萍:《论教育惩戒的限度》,载《湖南师范大学教育科学学报》2020 年第 4 期。

② 周洪宇、方晶:《教育惩戒的实践困惑与理论研究》,载《新疆师范大学学报(哲学社会科学版)》2021 年第 1 期。

③ 严育洪:《教育惩戒的场合分析与尺度把握》,现代出版社 2020 年版。

④ Mahoney, Dennis J., Corporal Punishment and School Discipline, Journal of Juvenile Law, Vol. 9, Issue 1 (1985), p. 178-179.

职业训练、指导和社会中的角色。同时对适当体罚和虐待进行区分。①

四是探讨法律责任类。主要体现为探讨学校及教师、家长、学生责任类。如申素平等的《惩戒造成学生伤害事故，学校是否要担责？——以某学生家长诉某中学为例》一文探讨了学校惩戒不当，且惩戒行为与学生伤害后果之间具有一定因果关系的，学校应承担相应赔偿责任的问题。蔡海龙的《学校体罚及其侵权责任研究》中对教师惩戒不当构成体罚所致的侵权责任归责原则和构成方式进行了详细的研究。冯帮等的《国外中小学反校园欺凌政策及启示》一文对校园欺凌案件中学校、学生及家长应负担的责任都有所涉及。解立军的《罚站：体罚还是惩戒》一文围绕两个教师令学生罚站的案例，分析了学校对于教育惩戒不当应当承担的法律责任。行冬梅的《教师师德与教育惩戒的二律背反》一文讨论了一些教师因体罚学生受到师德谴责而被处罚与一些学校、老师对学生不敢管、不愿管、放任管理同样有违师德的现象，以及教育惩戒与师德建设表面上的二律背反现象，实际提出了教师不行使教育惩戒的权利还要承担的有违师德的责任的问题。王素云等的《合情·合理·合法：教育惩戒的三重要义》一文着重探讨了学生面对教育惩戒应当形成的社会秩序感和道德责任感，强调了学生的道德责任。

综上，相对于国内外既有研究，我国中小学教育惩戒行为的法理依据、行使程序，教育惩戒的内容和种类的法定化等问题未得到深入研究。

---

① Shmueli, Benjamin, Corporal Punishment in the Educational System versus Corporal Punishment by Parents: A Comparative View, Corporal Punishment of Children Law and Contemporary Problems, Vol. 73, Issue 2 (Spring 2010), p. 281-320.

第 2 章 教育惩戒行为相关概念辨析

人类社会需要规则来维持其正常秩序,这些规则包括道德、伦理、法律等,同样,学校内部也是一个小型社会,也需要规则来维持其正常运转,除了要遵循法律法规、道德、伦理外,每所学校、每个班级为了实现自身的有序运转,还需要制定相应的校规校纪、班规等,以细化社会规则,使学生有明确的行为指引。有了规则,必然会有罚则,否则规则就无法发挥实际效用,在学校内部,罚则就体现为教育惩戒。奖惩并用自古以来就是育人的基本准则,在学校教育管理过程中,对违纪违规学生实施必要的教育惩戒是不可避免的事情,教育惩戒本身就是学校及教师在日常的管理与教育过程中不可回避的职业行为。

学校承担着教育管理学生的职责,尤其是中小学校,教育作为一项培养人的社会活动,必然要有一定的外在条件保障,包括教育教学场地与教育教学秩序。为了维护教育教学秩序,必然要确定一系列纪律规范,对于违反纪律或不能达到学业水平的学生,进行一定的惩戒,这就是教育惩戒。在这里学校管理者承担着社会范围中的立法者、警察、法院和刑事系统的职能,所以同样要保证教育惩戒的公开公正合理合法。

2.1 教育惩戒的法律渊源

对学生的教育惩戒权在我国教育法律法规中尚没有明确的立法。在现有的教育相关法律中并没有教育惩戒的字样,仅明确规定了禁止体罚、变相体罚的字样。如《义务教育法》《教师法》《未成年人保护法》《中小学教师职业道德规范》等，都明确要求不得体罚和变相体罚学生。

随着赏识教育弊端的逐渐显现，青少年罪错问题的增多，校园欺凌暴力引起社会的广泛关注，近年来一些规范性法律文件逐步提出了教育惩戒的问题。

2.1.1 全国性的规范性法律文件

2009年教育部出台的《中小学班主任工作规定》第16条规定，班主任在日常教育教学管理中，有采取适当方式对学生进行批评教育的权利。

2016年教育部、公安部等九部门联合发布的《关于防治中小学欺凌和暴力的指导意见》规定，对实施欺凌和暴力的中小学生必须采取适当的矫治措施以教育惩戒，要充分发挥教育惩戒措施的威慑作用。这是教育惩戒第一次出现在官方规范性文件中。

《教育部政策法规司2019年工作要点》提出，开展保障学校正当行使惩戒权、严格校规执行的理论研究与实践探索。

2019年6月《中共中央、国务院关于深化教育教学改革全面提高义务教育质量的意见》明确提出，制定实施细则，明确教师教育惩戒权。

为落实该意见，教育部在不到5个月的时间里起草了规章的初步文本并向社会公开征求意见。2019年11月，教育部就《中小学教师实施教育惩戒规则（征求意见稿）》公开征求公众意见。该意见稿中规定了一般惩戒、较重惩戒和严重惩戒，并在惩戒实施的原则里规定了"程序正当"，在实施严重惩戒时要听取学生的陈述和申辩，必要的应当举行听证，学校成立申诉委员会处理学生及其家长对惩戒不服的申诉。

2020年12月，教育部正式颁布《中小学教育惩戒规则（试行）》，该规则首次对教育惩戒的概念进行了定义，明确确有必要的可实施教育惩戒，并细化了一般惩戒、较重惩戒和严重惩戒的具体措施，规定了一定时间的教室内罚站、停课、停学等措施，还规定了多次教育惩戒仍不改正的学生，学校可以给予纪律处分。

2.1.2 地方性教育立法规范性文件

2017年2月4日，山东省青岛市政府发布的《青岛市中小学管理办法》规定，中小学校对影响教育教学秩序的学生，应当进行批评教育或者适当惩戒，情节严重的，视情节给予处分，学校的惩戒规定应当向学生公开。该办法明确赋予学校对学生的教育惩戒权。

2017年5月，中共北京市委教育工作委员会、北京市教育委员会等部门公布的《关于防治中小学生欺凌和暴力的实施意见》规定，要依法依规及时有效处置学生欺凌和暴力事件，坚持以教育为主、惩罚为辅。

自2016年教育部、公安部、最高人民法院等九部门联合发布的《关于防治中小学生欺凌和暴力的指导意见》中提出了要发挥教育惩戒措施的威慑作用，首次明确提出了教育惩戒一词。中共中央、国务院2019年6月印发的《关于深化教育教学改革全面提高义务教育质量的意见》第14条提出，制定实施细则，明确教师教育惩戒权，加快制定实施细则的工作进度。随后2019年11月22日教育部发布的《中小学教师实施教育惩戒规则（征求意见稿）》规定了教师惩戒的一般惩戒、较重惩戒和严重惩戒三大类18种具体惩戒措施。其中第8条规定，对违规违纪情节严重，或者经教育惩戒仍不改正的学生，学校可以给予警告、记过、留校察看的纪律处分。对高中阶段学生还可以给予勒令退学或者开除学籍的纪律处分。在该规定中，明确区分了教育惩戒与纪律处分，在教育惩戒无法发挥有效作用时再给予纪律处分。

2020年12月底，教育部发布的《中小学教育惩戒规则（试行）》将这些措施规范化，并明确规定了对违规违纪情节严重，或者经多次教育惩戒仍不改正的学生，学校可予以纪律处分。这是我国立法史上第一次以部门规章的形式确立了我国的中小学教育惩戒体系。

综上，2020年年底发布的《中小学教育惩戒规则（试行）》专门界定了教育惩戒，并赋予教师及学校实施教育惩戒的权利。因此，中小学校及教师的教育惩戒权有了明确的法律依据。教育惩戒权属于学校及教师的管理教育职权。

2.2 广义的教育惩戒

"惩戒"一词存在于我国的《公务员法》《法官法》等法律法规中，但在教育立法中尚未有这一词语，与其相关的是对学生的"处分"。如我国《教育法》第29条第1款第4项规定，学校及其他教育机构可以对受教育者进行学籍管理，实施奖励或者处分。《义务教育法》第27条规定，对违反学校管理制度的学生，学校应当予以批评教育，不得开除。这些教育相关法律只是规定进行"处分"，但并没有规定具体的惩戒措施。对具体惩戒措施作出规定的是教育部规章和地方教育行政系统发布的规范性法律文件。如1996年国家教育委员会发布的《小学管理规程》，该规程第15条规定，小学"对犯有错误的学生应予批评教育，对极少数错误较严重的学生可分别给予警告、严重警告和记过处分"。2018年北京市教育委员会发布的《北京市中小学学生奖励和处分办法》第17条规定，对义务教育阶段的学生可以给予警告、严重警告、记过处分。对高中阶段的学生可以给予警告、严重警告、记过、留校察看、开除学籍的处分。对8周岁以下的学生一般不予处分，可以给予口头批评教育、帮助改正错误。其中记过、留校察看、开除学籍处分要记入学生档案。

这些规范性法律文件实际上是规定了广义上的教育惩戒权的问题。从最广泛意义上来说，教育惩戒权是指学校可以给予学生的惩戒的种类、形式、幅度等权力，具体内容包括警告、严重警告、记过、留校察看、开除学籍等纪律处分措施，以及批评、教育等各种具体的管理教育措施。教育惩戒权包括惩戒的设定权和惩戒的实施权。惩戒的设定权是指哪些主体可以创设学校的教育惩戒权。根据我国法律法规的规定，我国的相关国家机关和学校本身可以通过制定教育法律、法规、规章或校规等方式，创设学校的教育惩戒权。惩戒实施权是指学校为了实现教育或管理的目的，依照国家立法和学校规范，对违反特定义务或未达到规定要求的学生，所采取的各种惩戒措施。

在学者的论述中，很多时候也涉及广义的教育惩戒，即将纪律处分包含在教育惩戒概念之中。如19世纪奥托·迈耶的《德国行政法》中提出，为了维护正常的教学秩序，学校拥有对学生的教育、惩戒等事项的绝对权力，学校可以通过制定校规，设定各种惩戒措施，而无须法律授权。这一阶段，学校和教师拥有对学生处罚的绝对权力，教师体罚学生也是被默许的。2006年出版的米基·英伯等著的《美国教育法》提出，学校管理者行使惩戒权应该走一条受限的道路，严格遵循宪法和法律的规定，充分保障学生权利。其中的教育惩戒措施既包括开除这种纪律处分措施，也包括动用武力控制学生、停学、停课等具体的教育惩戒措施。我国学者在论述高校教育惩戒问题时，实际也是使用的广义的教育惩戒概念。

2.3 狭义的教育惩戒

具体到中小学校对学生的处罚措施来说，教育惩戒是不同于纪律处分的另外一种处罚形式，是具体的管理教育措施的介入。这是因为在中小学校实际管理中，中小学生违反纪律、违反校规的行为是较为普遍的，并且其中绝大多数违反校规校纪的行为都是比较轻微的，比如，在课堂上讲话、做小动作，不按时完成作业或者完成的作业不符合要求，考试成绩不理想，迟到，早退，旷课，不做值日，与同学吵架或者打闹等，这些行为都不适宜用纪律处分进行管理。此外，中小学生身心发展尚不成熟，对警告、严重警告、记过、留校察看、开除学籍等处分及其带来的不利后果缺乏应有的认知，这也使得纪律处分难以发挥约束和规范未成年学生的效果。正是针对日常的学生管理中，尤其是在校园欺凌暴力案件中，纪律处分措施无法发挥切实的效果，狭义的教育惩戒才逐渐引起重视。

2020年年底颁布的《中小学教育惩戒规则（试行）》专门界定了教育惩戒，并赋予教师及学校教育惩戒权：教育惩戒是指学校、教师基于教育目的，对违规违纪学生进行管理、训导或者以规定方式予以矫治，促使学生引以为戒、认识和改正错误的教育行为。劳凯声先生对惩戒的界定是，惩戒是通过对不合规范行为施予否定性的制裁，从而避免其再次发生，以促进合规范行为的产生和巩固。其目的在于诫勉，使未成年学生戒除不良行为，改邪归正，步入正轨，是以惩罚为手段，实现教育和纠正未成年人不良行为的目的。①

教育惩戒侧重两个方面，惩与戒，目的在于戒，惩只是手段，教育惩戒就是将惩戒运用到教育中，对违规违纪学生的不良行为进行惩罚，从而令其达到诫勉这些不良行为的教育行为。所以教育惩戒必然是以教育为前提，以惩罚为手段。当然，也要以不损伤学生的身体为原则。按照《中小学教育惩戒规则（试行）》的规定，教育惩戒包括学校惩戒和教师惩戒两个层面，教育惩戒强调的是按照规定的方式对学生的问题行为进行矫治教育，这种管理教育行为才属于合法的教育惩戒。所以，如果学校或者教师采取的惩戒措施不是《中小学教育惩戒规则（试行）》规定的惩戒方式，那就不属于合法的教育惩戒，就归入体罚之中了。

2.4　教育惩戒与纪律处分的区别

2.4.1　教育惩戒与纪律处分所依据的法律规范不同

在《中小学教育惩戒规则（试行）》中将纪律处分和教育惩戒结合适用，从而造成实践中，中小学校和教师适用教育惩戒和纪律处分时出现

---

① 劳凯声:《变革社会中的教育权与受教育权：教育法学基本问题研究》，教育科学出版社2003年版，第375~376页。

混淆的情况，需要进行区分。

首先，二者依据的法律规范不同。教育惩戒所依据的规范就是教育部2020年年底颁布的《中小学教育惩戒规则（试行）》，属于部门规章，目前来看，是全国教育系统统一适用的规范性法律文件。将教育惩戒纳入法律的规范框架，通过国家立法赋予中小学学校和教师教育惩戒权，使教育惩戒成为一种国家授权性规范。[①] 而纪律处分，仅在《教育法》中规定了对学生可以进行处分，《义务教育法》规定对于义务教育阶段的学生不得开除学籍，其余的关于纪律处分的具体种类以及如何适用的规定都散见于各地方的中小学学籍管理办法或者中小学生处分办法等规范性文件中，比如2018年北京市教育委员会发布的《北京市中小学学生奖励和处分办法》第17条规定，对义务教育阶段的学生可以给予警告、严重警告、记过处分。对高中阶段的学生可以给予警告、严重警告、记过、留校察看、开除学籍的处分。这些都属于地方教育行政部门颁布的规范性法律文件，其法律效力低于教育部颁布的《中小学教育惩戒规则（试行）》。但不同的是，学校对学生可以进行纪律处分是《教育法》《义务教育法》明确规定的，而教育惩戒措施目前尚未体现在教育法律中。

其次，二者适用时也是存在先后区别的。教育部发布的《中小学教育惩戒规则（试行）》明确区分了教育惩戒与纪律处分，也表明了二者是不同的概念。教育部将二者进行明确区分的意图在于，明确在教育惩戒无法发挥有效作用时，学校才能动用纪律处分。

在国外教育实践中，也有国家将教育惩戒与纪律处分进行区分，并将二者结合适用的情况。如法国明确区分了教育惩罚与惩戒制裁，教育惩罚针对学生出现的影响学校班级正常生活的不当行为进行处罚，一般由教师或教导人员作出；而惩戒制裁，则针对学生造成的他人人身、财产损害，以及严重或反复违反学校规定的行为而采取的措施，由校长或

[①] 湛中乐、康骁:《教育惩戒规章的合法性分析》，载《复旦教育论坛》2020年第3期。

纪律委员会宣判，记入学生行政档案。① 法国中小学的教育惩罚相当于我国的教育惩戒，而惩戒制裁相当于我国的纪律处分。二者也是有适用的先后顺序的。

2.4.2 教育惩戒与纪律处分具体措施完全不同

教育惩戒有惩罚的内涵和惩罚的措施，② 强调通过惩罚促使学生改掉其各种问题行为，惩罚只是手段，而惩戒则是通过惩罚达成教育学生的目的。③ 其针对学生的问题行为，维护教师的师道尊严，关注教育教学秩序的维护。而纪律处分的依据则是学校的学籍管理规范，侧重规范学校的学生管理秩序。

第一，种类差别巨大。教育惩戒的具体措施种类多样，适用灵活，法定性和约定性相统一，除了法定措施，还可以通过校规校纪和班级公约制定其他适当的惩戒措施。根据《中小学教育惩戒规则（试行）》的规定，一般惩戒，即教师可以当场实施的教育惩戒措施，如点名批评、责令赔礼道歉、作检讨、承担班级公益服务、罚站、课后教导，以及其他适当措施；较重惩戒，由学校实施，如训导、承担校内公益服务、接受专门校规校纪、行为规则教育、暂停或限制参加外出集体活动，以及其他适当措施；严重惩戒，由学校实施，如停课、停学、训诫、心理辅导、行为干预。

纪律处分的具体措施种类单一，具有法定性，不能私设其他种类，适用有严格规定。纪律处分一般有五种，即警告、严重警告、记过、留校察看、开除学籍的处分。此外，法律明确规定对义务教育阶段学生不

---

① 张梦琦：《法国教育惩戒制度的法理基础与实践特征》，载《教育家》2018年第44期。
② 傅维利：《论教育中的惩罚》，载《教育研究》2007年第10期。
③ 劳凯声：《变革社会中的教育权与受教育权：教育法学基本问题研究》，教育科学出版社2003年版，第376~377页。

得适用开除学籍的处分。

第二，针对的学生问题行为不同。教育惩戒措施针对的学生问题主要包括：故意不完成教学任务、扰乱课堂秩序、破坏学校教育教学秩序、不服从学校及教师教育管理、吸烟饮酒或其他言行失范行为、实施有害自己或者他人身心健康的危险行为、打架、辱骂、欺凌等。

纪律处分针对的是学生比较严重的问题行为，包括《预防未成年人犯罪法》规定的不良行为与严重不良行为，触犯国家法律构成刑事犯罪的行为，违反治安管理规定，性质恶劣的行为，在比较重要的考试中替考、让他人代考、作弊等行为，欺凌、侮辱他人造成严重后果的行为等。

从二者针对的问题行为来看，纪律处分针对的是学生出现比较严重的问题行为，而教育惩戒措施针对的则是学生日常生活中常见的比较细琐的各类轻微的问题行为。

从《中小学教育惩戒规则(试行)》来看，教育惩戒措施所针对的学生问题行为是有程度区分的，从轻微违纪违规到较重的违纪违规再到严重违纪违规。此外，针对严重违纪违规行为，学校采取教育惩戒措施和纪律处分措施是合并适用的，即学校既可以针对学生严重违纪违规行为同时适用严重惩戒和纪律处分，也可以在进行教育惩戒后，发现学生仍然屡教不改的，再给予纪律处分。对于多次教育惩戒仍不改正的学生，适用纪律处分的情况，其含义包括两部分：一是对于违纪违规情节严重或影响恶劣的，经教育惩戒仍不改正的，可以进行纪律处分；二是对于轻微违纪违规和较重违纪违规行为，经多次教育惩戒仍不改正的，可以进行纪律处分。

综上，在《中小学教育惩戒规则(试行)》颁布实施以后，关于教育惩戒和纪律处分的适用，需先以教育惩戒措施对学生问题行为进行干预和纠正，在教育惩戒措施无效后才可以适用纪律处分。当然也有例外的情形，如果出现严重违纪违规，甚至违法犯罪行为，则可以同时适用教育惩戒和纪律处分措施。

第三，采取惩戒措施和纪律处分措施的主体也有所不同。一是纪律处分的适用主体是学校。纪律处分措施适用的主体只能是中小学校，学校以管理者的身份作出纪律处分决定，学校内的教职工无权以个人名义作出纪律处分决定。学校作出纪律处分决定需要经过严格的程序。如2018年《北京市中小学学生奖励和处分办法》第19条、第20条、第22条规定，学校作出纪律处分，由学校校长办公会研究讨论决定。在告知家长方面，学校在作出处分决定前，应听取学生本人及其父母或其他法定监护人的陈述和申辩，在作出处分决定后，需出具处分决定书，并在处分决定作出3日内送达学生本人及其父母或其他法定监护人。在接受监督方面，涉及开除学籍处分，需要报学校所在区教委备案。其他处分由学校学生管理部门提出，报学校领导同意。

二是教育惩戒措施的适用主体包括教师和学校。其适用和启动都比较复杂。根据《中小学教育惩戒规则（试行）》的规定，对于学生的轻微违纪违规行为，负责课堂教学和日常管理的教师可以当场实施法定或约定的一般惩戒措施，并且在实施一般惩戒后，可以以适当的方式告知家长。这里规定的是可以告知家长，所以，如果教师实施一般惩戒措施，未告知家长，也是可以的。

较重惩戒措施的适用主体是学校。其启动原因有两个，一个原因是学生违反校规校纪情节严重的，另一个原因是学生违反校规校纪情节轻微但经教师当场教育惩戒拒不改正的。较重惩戒措施，学校应当及时告知家长，在告知时间上包括事先告知和事后及时告知，并不局限于事先告知。仅强调事后及时告知，如果学校事前未告知家长，事后又不及时告知家长，则是违法惩戒。

严重惩戒措施的适用主体也是学校，严重惩戒的启动原因包括违纪违规情节严重和违纪违规影响恶劣。严重惩戒在告知家长方式上严格要求事先告知家长。所以学校需要严格按照规定事先告知家长，如果事后告知则属于违法惩戒。

在接受监督方面，根据《中小学教育惩戒规则（试行）》的规定，学校作出严重惩戒和纪律处分的信息均要报主管教育行政部门备案。这里的纪律处分包括警告、严重警告、记过、留校察看以及开除学籍五种纪律处分信息均要报主管教育行政部门备案。

综上,《中小学教育惩戒规则(试行)》规定的教育惩戒种类和程序都非常规范,并且该惩戒规则是教育部发布的部门规章,其法律效力高于各地方教育行政部门发布的关于中小学生学籍管理、中小学生处分办法等规范性法律文件。所以在各地方教育行政部门发布的关于中小学生纪律处分、教育惩戒相关规范性法律文件与《中小学教育惩戒规则(试行)》的规定有相抵触的地方,应当以《中小学教育惩戒规则(试行)》中的规定为准。因此,向主管教育行政部门备案的纪律处分信息不应该是2018年《北京市中小学学生奖励和处分办法》第19条规定的开除学籍一种,而应该是警告、严重警告、记过、留校察看以及开除学籍五种。

2.4.3 教育惩戒与纪律处分产生的后果也有很大差异

教育惩戒和纪律处分在产生后果上也有很大差异。纪律处分是依据学生学籍进行管理,因此在作出处分决定时是以制作处分决定书的形式,还需要在学籍档案上留下记录。而教育惩戒则是针对学生各种违纪违规行为,根据《中小学教育惩戒规则(试行)》的规定,只有对第10条规定的严重惩戒措施需要定期向主管教育行政部门备案,不用记入学生档案。但教育惩戒和纪律处分后果也有密切联系,如果多次教育惩戒仍不改正的,学校决定给予纪律处分时,就会记入学生档案,因此产生严重后果了。

第一,纪律处分会产生不良记录,但救济途径完备。根据各地教育行政部门颁布的中小学学生学籍管理规定或中小学生奖励和处分办法等规范性法律文件的规定,纪律处分是要记入学生档案的。比如,2018年的《北京市中小学学生奖励和处分办法》第19条规定,记过、留校察看、开除学籍处分记入学生档案。2020年青岛市教育局发布的《青岛市中小学生处分规定》第15条规定,对学生的处分决定应存入学生本人档案。而学生档案会成为该学生未来的人事档案，学生档案里会详细记载该学生被纪律处分的事由以及处分事由的基本情节。[①] 因此，该学生在成年以后的升学、就业、入伍等政审环节中，会面临重重困难。

对纪律处分决定不服的救济途径包括：申诉、申请复核、提起行政复议或行政诉讼。根据《中小学教育惩戒规则（试行）》第 17 条、第 18 条的规定，学生及家长对学校依据本规则第 10 条对学生违纪违规情节严重或者影响恶劣的情形，直接给予纪律处分，或者经多次教育惩戒仍不改正，而给予纪律处分的，不服该处分决定的，可以向学校申诉；如果对学校作出的申诉处理决定不服，可以向学校主管教育部门申请复核；对复核决定不服的，可以依法提起行政复议或者行政诉讼。各地方教育行政部门发布的关于学生处分的规范性法律文件中也同样规定了学生或其父母或其他法定监护人对学校的纪律处分决定不服可以进行申诉。例如，2018 年《北京市中小学学生奖励和处分办法》第 26 条、第 27 条规定，学生或其父母或其他法定监护人对处分决定有异议的，可以向学校的学生申诉处理委员会书面申诉，学生申诉处理委员会对申诉进行复查并作出复查决定，学生或其父母或其他法定监护人对学校的复查决定有异议的，可以向学校所属区教委申诉。区教委在 30 日内作出学生申诉答复意见书。与教育部的《中小学教育惩戒规则（试行）》中的相关规定相比，《中小学教育惩戒规则（试行）》完善了《北京市中小学学生奖励和处分办法》关于学生不服纪律处分决定的救济途径，即增加了对区教委的复核不服的，可以提起行政复议或行政诉讼。

对纪律处分决定不服，具体做法：首先，拿到学校作出的纪律处分决定书，在纪律处分决定作出 15 日内向学校提起申诉。其次，监督学校就该申诉组建的学生申诉委员会的人员构成、受理范围及处理程序等公布事项，以及学生申诉委员会对申诉事实的审查程序。再次，及时拿到

[①] 劳凯声、郑新蓉：《规矩与方圆：教育管理与法律》，中国铁道出版社 1997 年版，第 332 页。

学校作出的学生申诉处理决定，对该申诉处理决定不服的，向该学校所属教育行政部门申请复核。最后，对于该主管教育行政部门复核决定不服的，有两种救济途径：一是可以向该主管教育行政部门的上一级教育行政部门提起行政复议；二是也可以以该主管的教育行政部门为被告向该教育行政部门同级别的人民法院提起行政诉讼。比如，起诉县教育局，需向其所属县的人民法院起诉，起诉地级市教育局，需向其所属地级市的中级人民法院起诉。两种救济途径择其一。

第二，教育惩戒不会产生不良记录，但救济途径有限。对教育惩戒不服的，救济途径相对有限，仅限于严重惩戒有相关救济措施。根据《中小学教育惩戒规则（试行）》第17条规定，只有对第10条规定的严重惩戒措施不服的，可以在该教育惩戒措施作出后15个工作日内，向学校提起申诉。学校成立学生申诉委员会对该申诉进行审查，并作出申诉处理决定，学生或家长对学生申诉处理决定不服的，可以向该学校所属的主管教育行政部门申请复核，对复核决定不服的，可以依法提起行政复议或行政诉讼，与前述纪律处分救济途径相同。而一般惩戒和较重惩戒，则没有规定救济措施。

在中小学校的教育管理实践中，教育惩戒与纪律处分都发挥着重要的作用，但二者在性质上还是有明显的区别的，因此，在实践中需要进行明确区分，并将二者结合适用，以求达到有效教育管理学生的目的。

第 3 章　教育惩戒行为的权力探源

教育惩戒要付诸行动必定与一定的权力相关联，教育惩戒行为背后的权力渊源与教育权密切相关。实施教育惩戒的权力应是教育权中最能体现教育的强制性和支配性的一部分。根据《教育法》的基本理论，教育权分为国家教育权、社会教育权和家庭教育权。国家教育权是一种法定权力，是国家依法对其领土范围内的教育活动进行管理的权力，主要表现为教育立法权、教育司法权、教育行政权和教育监察权，由军队、警察、法院、监狱执行，以国家暴力为后盾，强调法无授权不可为；社会教育权，是社会团体、社会组织内部对其成员进行管理和教育的权利。劳凯声老师曾提出"教育属于第三部门，学校属于介于政府和企业之间的社会组织"。① 因此，学校的教育权更接近于社会教育权，是学校这一社会组织对其内部成员进行管理和教育的权利，除了要遵循国家的教育法律法规，以及国家教育权的授权，学校对其内部的组织和管理有一定的自由裁量权，包括奖励和惩罚的权利。

而社会教育权，部分来源于国家教育权，部分来源于家庭教育权。这也使得教育权中的权力主体和权力客体的关系比较复杂。教育权要处理的权力主体和权力客体的关系问题，即学校和学生之间的法律关系问题。关于学校与学生之间的法律关系学说，历史上比较著名的有三种，即代理父母学说、特别权力关系学说和基础关系与管理关系学说。

---

① 劳凯声：《变革社会中的教育权与受教育权：教育法学基本问题研究》，教育科学出版社 2003 年版，第 5 页。

学校与学生法律关系中的代理父母理论和特别权力关系说，赋予学校更大的惩罚权，包括体罚学生的权力，而基础关系与管理关系学说下的学校惩罚权则相对保守。

3.1 代理父母理论和特别权力关系理论下的武力惩罚

在人类社会的发展初期及其后很长的一段历程中，儿童在法律上都是作为家父的私人财产的存在，家父对自己的未成年子女有生杀予夺的大权，可以将自己的子女当作物品一样出卖。儿童不具有独立的法律人格，只能依附于家父。儿童与家父是典型的人身依附关系。比如，在《汉谟拉比法典》中将子女作为父亲的私产对待，在古罗马法中，只有家父同时拥有自由权、市民权和家长权，儿童不具有独立法律人格。① 正是因为儿童不具有独立的法律地位，所以父母对子女使用任何武力惩罚都是法律允许的。即使到了 21 世纪，这一历史基因仍然在广大父母的血液里隐藏着，时不时地暴露出来。

而在教育的历史上，最初的儿童教育是以家庭教育为主，国家和社会力量介入儿童教育的，主要表现为寺院的宗教教育、军队的军事教育以及小范围的私立收费制学校教育，比如古巴比伦王国的寺庙学校、古埃及的僧侣学校、古印度的佛教教育、古希伯来的《圣经》教育、古希腊的军营教育、古罗马的私立学校和教会学校。② 中国古代君主专制时代，以培养治术人才为宗旨，政府所设置的只有成人教育，自唐宋以来曾设立过小学，但多半为皇室及官宦子孙特别开设，与普通民众无关，普通民众的初等教育只有让民众自己想法子。民间存在部分小范围的以家庭力量办学的私塾教育。③ 私立教育或私塾教育实际是家庭教育的延

---

① 吴用：《论儿童法律地位演进》，载《中国青年研究》2008 年第 2 期。
② 吴式颖、李明德：《外国教育史教程》（第三版），人民教育出版社 2018 年版，第 65~67 页。
③ 陈青之：《中国教育史》（上），安徽人民出版社 2018 年版，第 5 页。

伸，其中渗透的仍然是家父对儿童的亲权思想，而宗教教育和军事教育渗透了公权力因素（因为除中国外的古代东西方国家都是政教合一的国家）。

这些传统的教育模式以及儿童对家父的人身依附性，在近现代国家力量介入初等教育时，在法律层面讨论学校与学生的关系时，产生了重要的影响，分别演绎出代理父母理论和特别权力关系理论及其理论支持下的武力惩罚。

3.1.1 代理父母理论下的武力惩罚

代理父母理论的根基在于，父母惩戒子女的权利主要源于监护权，而学校和教师惩戒未成年学生的权利，来源于该未成年学生的监护人的委托。根据搜集到的资料，最早关于这一理论的确认，是1865年英国法院在审理Fitzgerald诉Northcote一案中，正式确立了"In Locoparentis"（代行亲权）原则，确认教师为父母的代理人可以在学校范围内代为行使父母的职责。[①] 因为代理父母理论是英国通过判例法来确认的，所以有学者将其归之于普通法系的理论。[②]

按照代理父母理论，学校和教师处于代替父母的地位，凡是父母可以施加于孩子的，学校和教师也可以作出相似行为施加于学生，教师拥有不必明示的广泛的惩戒空间。[③] 校方可以如父母管教自己的子女一般对学生进行管教；教师如同父母一样，尽力为未成年学生的健康成长创造条件。校方的惩戒权与父母的惩戒权应当具有同等的法律地位。司法机构将如何行使惩戒的权力视为父母自由裁量权的范围尽可能地不干涉学

[①] Jack Rabinowicz, Tony Widdrington, Katharine Nicholas. Education: Law and Practice, London, Pearson, 1996, p. 241.

[②] 张俊友:《法治理念下的公立义务教育学校教师惩戒研究》，载《教育科学研究》2018年第6期。

[③] 申素平:《教育惩戒立法研究》，载《中国教育学刊》2020年第3期。

校扮演代理父母角色时的行为，因此受惩戒的学生不能获得司法救济。[①]

在代理父母理论下，惩戒与管教的意义相近，而在特殊情境下，"管教"被用作"打骂""惩罚""收拾"等的同义语，其含义往往指向对学生的肉体的伤害，[②] 所以，在代理父母理论下的惩戒是允许使用武力进行体罚的。

3.1.2 特别权力关系理论下的武力惩罚

特别权力关系理论有着古典的宗教教育和军事教育的遗留。19世纪奥托·迈耶在《德国行政法》一书中专门讨论了学校与学生之间的法律关系，相对于公民与国家之间存在的一般权力关系，学校与学生之间关系是公法上特殊的权力与义务关系，这种"特别权力"是基于公民的特殊身份（如公务员、学生、罪犯），有必要采取更为严格的管理。[③] 在这一理论下，学校拥有对学生教育惩戒的绝对权力，为了维护正常的教学秩序，学校可以通过制定校规，设定各种惩戒措施，无需法律授权。[④] 因该理论以德国为代表，有学者将其归之于大陆法系的理论。[⑤] 在这一理论下，学校和教师拥有处罚学生的绝对权力，体罚也是被默许的。

3.2 基础关系理论与管理关系理论下的文书惩罚

17世纪以来，文艺复兴运动席卷欧洲，启蒙思想家对于人权、民主

[①] 黄道主:《效率与公平：我国中小学惩戒的合法性研究》，知识产权出版社2019年版，第68页。

[②] 劳凯声:《变革社会中的教育权与受教育权：教育法学基本问题研究》，教育科学出版社2003年版，第376~377页。

[③] 张文显:《法理学》，高等教育出版社、北京大学出版社1999年版，第159~160页。

[④] 戴国立:《析论高校教育惩戒权的法律控制》，载《东方法学》2019年第2期。

[⑤] 张俊友:《法治理念下的公立义务教育学校教师惩戒研究》，载《教育科学研究》2018年第6期。

和自由等信念的传播,实现了人类的大解放,法律上人人生而平等,人人生而具有独立人格的理念在人们心中扎根。但对于儿童福利问题的关注,却是到19世纪才逐步提上日程。由于工业革命的开展,在有些行业,出现了大量使用童工的现象,人们开始意识到童工的权益问题,1802年英国议会通过历史上第一个保护童工的立法《学徒健康与道德法》,其他国家也相继通过一些保护童工的法律。① 除此之外,流浪儿童的增多,青少年犯罪的井喷式上涨,也促使各国政府考虑如何去治理儿童的社会问题。自19世纪后半叶以来,以弗洛伦斯·凯利发表的《自布莱克斯通时代以来儿童法律地位的改变》为代表,很多社会人士主张确立国家监护理念,将儿童从依附于父母的存在转变为需要国家保护的独立阶层。② 这一观念的转变,直接促成了19世纪末至20世纪的儿童权利运动。

儿童作为独立的法律阶层,具有独立的法律地位,同样具有独立的法律人格,这一主张的提出,直接动摇了学校和教师对儿童的绝对惩戒权,也动摇了动用武力对儿童进行肉体上惩罚的法律基础。

进入20世纪以来,大陆法系和英美法系各国纷纷以法律的形式禁止体罚,限缩学校管理学生的权利。1959年的《儿童权利宣言》和1989年的《儿童权利公约》明确禁止体罚和虐待儿童,并明确了各缔约国的义务。我国早在1952年就发布了《关于废止对学生体罚的指示》,1986年颁布的《义务教育法》正式将禁止体罚学生写入法律。③

伴随着儿童权利运动和儿童独立法律地位的确立,代理父母理论和特别权力关系理论都受到了极大的挑战。在第二次世界大战后,在法治国理念影响下,乌勒将特别权力关系分为"基础关系"和"管理关系"两类。学生与学校之间的在校关系是否存续属于基础关系,而学生进入

---

① 李双元:《儿童权利的国际法律保护》,人民法院出版社2004年版,第4~9页。
② [美]罗森海姆等:《少年司法的一个世纪》,高维俭译,商务印书馆2008年版,第54页。
③ 申素平:《教育惩戒为何要立法》,载《光明日报》2020年2月18日。

学校之后的服从学校各项规章制度的关系属于管理关系。① 在这一理论下，学校与学生之间是相互独立的法律主体之间的关系，动用武力进行肉体惩罚不再有法律依据，这时就需要寻找另一种惩罚形式。而行政法领域存在的"基础关系"与"管理关系"产生的处罚决定均是处罚文书，所以进入20世纪后学校领域内的惩罚形式也演变成了以文书惩罚为主，表现形式就是纪律处分。

我国1986年的《义务教育法》并没有规定对学生的纪律处分，但1995年发布的《教育法》对纪律处分进行了规定。该法明确规定，学校有权对学生进行学籍管理，实施奖励和处分。关于纪律处分的具体种类，目前可搜集到的资料，比如1985年的江苏省《中小学学籍管理规定》②，1990年由当时的国家教育委员会颁布的《普通高等学校学生管理规定》（已废止），都规定了六种纪律处分：警告、严重警告、记过、留校察看、勒令退学、开除学籍。很明显，中小学校的纪律处分是直接沿用了高校的纪律处分，2006年修订的《义务教育法》又明确规定义务教育阶段学生不得开除。由此形成了一套从中小学到高等学校的纪律处分体系。

文书惩罚相对于武力惩罚文明了很多，但当文书惩罚这一惩罚形式面对的是中小学生时，却往往出现两种极端，要么起不到丝毫作用，要么处罚过重，导致中小学生承受不了压力而自杀自残。

正是因为纪律处分在中小学教育管理实践中的失灵，才导致中小学教育惩戒规则的出台。

---

① 陈新民：《中国行政法原理》，中国政法大学出版社2002年版，第66页。
② 劳凯声、郑新蓉：《规矩与方圆：教育管理与法律》，中国铁道出版社1997年版，第331页。

第4章 教育惩戒的种类及实践中面临的问题

对任何需要惩罚的行为所进行的惩罚，其关注点都在行为人的主观意图、行为人的自由意志。对未成年人的问题行为的惩戒同样需要关注未成年人问题行为的源头——未成年人的主观意图、未成年人的意志，追究其问题行为的源头。只有这样才能避免"头疼医头脚疼医脚"的盲目惩戒。

但未成年人的意志却不能说是自由的，因为未成年人尚处于心智不成熟的阶段，他们无法自己自由地用理智控制欲望、调解激情。教育惩戒需要担负着引导学生调解情绪、学会理智和运用理智的重任。因此，惩戒的最终目的也应该是帮助其学会运用理智去控制欲望、调解激情，治愈其失序的灵魂，恢复因其问题行为而被破坏的教育教学秩序及不和谐关系。

4.1 根据中小学生问题行为类型划分教育惩戒措施

人是有"自由意志"的，人的行为是由自由意志支配的，自由意志导致了人的行为的"不可预测性"。[①] 柏拉图认为，人的灵魂包括理智、欲望和激情三个因素，只有这三个因素处在一个和谐状态，个人才会表现出平和、理性的状态。如果人类能够用理智控制欲望、调解激情的情

---

① ［德］马克斯·韦伯、罗雪尔与克尼斯：《历史经济学的逻辑问题》，李荣山译，上海世纪出版集团2009年版，第66页。

况下，却排除理智，由激情主导，任由欲望膨胀，那么这就是内心选择的自由，因此，人的一生中有自由选择的因素，所以是我们自己而非上天对我们生活中的善与恶负责。①

早在17世纪，一项重罪的构成，需要"邪恶的意图"和"行为"这两个必备要素的思想就已经被广泛接受并写入法律当中。古希腊哲人苏格拉底就认为，死亡仅仅是灵魂和肉体的分离，在末日审判中，每一个灵魂都会来到上帝面前，由上帝来审判，而每一个人一生所说所做的只是其灵魂状态的反应，所以应该惩罚的是其灵魂的状态。②柏拉图认为，人的行为有正义的行为与不正义的行为之分，不正义即一个人灵魂中的理智成为欲望的奴隶。因此，立法者如何治愈不正义的人，就是通过惩罚，惩罚的目的是治愈失序的灵魂，弥补被害人的伤害，重建社会秩序，将受刑者和受害人从不和谐关系转化为友好关系。③因此，对任何需要惩罚的行为所进行的惩罚，其关注点都在行为人的主观意图、行为人的自由意志。对未成年人的问题行为的惩戒同样需要关注未成年人问题行为的源头——未成年人的主观意图、未成年人的意志，追究其问题行为的源头。只有这样才能避免"头疼医头脚疼医脚"的盲目惩戒。

对于有问题行为的未成年人，他的主观意图可能是恶的，也是在其主观意志支配下实施的问题行为，却不能认定他是在自由意志支配下实施的问题行为。未成年人尚不能自由支配自己的主观意志，因为未成年人尚处于心智不成熟的阶段，他们无法自由地用理智控制欲望、调解激情。因此，教育惩戒也担负着引导学生学会运用理智、调解情绪、控制欲望的重任。惩戒的最终目的也应该是帮助学生学会运用理智去控制欲

---

① ［古希腊］柏拉图：《柏拉图文集》，牛小玲、王桂林译，时代文艺出版社2011年版，第40~41页。
② ［古希腊］柏拉图：《柏拉图全集》（第1卷），王晓朝译，人民出版社2002年版，第422~425页。
③ ［古希腊］柏拉图：《柏拉图文集》，牛小玲、王桂林译，时代文艺出版社2011年版，第31~41页。

望、调解激情，治愈其失序的灵魂，恢复因其问题行为而被破坏的教育教学秩序及不和谐的社会关系。

总之，在决定采取何种惩戒措施前，就需要着重研究中小学生的各类问题行为及其成因，研究中小学生的心理问题。从中小学生各类问题行为的源头出发把握具体的教育惩戒尺度。

4.1.1 中小学生问题行为的具体类型

《中小学教育惩戒规则（试行）》规定的中小学生的问题行为主要有：

以伤害他人身心健康或侵占、损毁他人财产为主要目的的行为。例如，《中小学教育惩戒规则（试行）》规定，打骂同学、老师，欺凌同学或者侵害他人合法权益的行为，部分有害自己或者他人身心健康的危险行为。再如，《预防未成年人犯罪法》规定，殴打、辱骂、恐吓或者故意伤害他人身体；盗窃、哄抢、抢夺或者故意损毁公私财物。中小学生实施这些行为主观上就是为了伤害他人身心健康，或者将他人财产据为己有，具有侵权性，可以将这些行为概括为侵权性问题行为。

以妨碍教育教学秩序甚至社会管理秩序为主要目的的行为。例如，《中小学教育惩戒规则（试行）》规定，不服从教育、管理，扰乱课堂秩序、学校教育教学秩序的行为，吸烟、饮酒或者言行失范违反学生守则的行为，部分有害自己或者他人身心健康的危险行为。再如，《预防未成年人犯罪法》规定，多次旷课、逃学；无故夜不归宿、离家出走；沉迷网络；与社会上具有不良习性的人交往，组织或者参加实施不良行为的团伙；进入法律法规规定未成年人不宜进入的场所；参与赌博、变相赌博，或者参加封建迷信、邪教等活动；阅览、观看或者收听宣扬淫秽、色情、暴力、恐怖、极端等内容的读物、音像制品或者网络信息等；以及其他不利于未成年人身心健康成长的不良行为；结伙斗殴，追逐、拦截他人，强拿硬要或者任意损毁、占用公私财物等寻衅滋事行为；非法携带枪支、弹药或者弩、匕首等国家规定的管制器具；传播淫秽的读物、音像制品或者信息等；卖淫、嫖娼或者进行淫秽表演；吸食、注射毒品或者向他人提供毒品；参与赌博赌资较大；其他严重危害社会的行为等严重不良行为。中小学生实施这些行为，其动机有很多，贪玩、不愿学习是主要诱因，但也有好奇想尝试一下的心理，还有成年人引诱将未成年人作为犯罪工具、家庭监护缺失、家庭暴力、家庭或学校成员孤立隔离等诱因。但中小学生实施这些行为，主要目的还是想通过破坏学校教育教学秩序或社会管理秩序来获得自身的满足感，因此，可以将这些行为概括为妨碍秩序性问题行为。

以不愿学习为主要目的的行为。比如，《中小学教育惩戒规则（试行）》中规定的故意不完成教学任务要求的行为。另外，常见的还有考试作弊、作业抄袭等问题行为。这些行为实际也是破坏学校教育教学秩序的行为，但这些行为主要的诱因就是贪玩不愿学习或者懒散没有时间观念，与上述妨碍秩序性问题行为相比，这类问题行为相对温和得多，多是消极地破坏学校教育教学秩序。实施这些问题行为的孩子，多数只是内心不愿学习，但又想乖乖听老师话，不想破坏学校教育教学秩序。此外，这类问题行为多关乎学生的学业，与上述侵权性问题行为和妨碍秩序性问题行为相比，转化为违法犯罪行为的可能性较小。这类行为却是中小学生常见的难以治理的问题行为，因此，将这类问题行为单独提出来，概括为学业性问题行为予以研究。

根据中小学生主观意图划分问题行为的不同类型，才能明确看出某个问题行为所破坏的社会关系，从着手修复该问题行为所破坏的社会关系出发，才能切实使教育惩戒措施起到教育、惩罚、诫勉的作用。要着手修复被破坏的社会关系，不同的问题行为需要采取不同的惩戒措施，关注学生多样性，从而灵活采取惩戒措施。

4.1.2 针对未成年人问题行为的不同类型采取不同的教育惩戒措施

在对未成年人各类问题行为进行划分以后，接下来的问题就是针对不同类型的问题行为需要采取何种教育惩戒措施，这时要考虑的两大问题是：一是确定学生的主观意图，根据学生主观意图采取针对性措施，对症下药；二是根据学生主观意图，通过具体惩戒措施帮助其调解情绪、学会理智和运用理智。

从未成年学生问题行为性质出发，将未成年人的问题行为划分为学业性问题行为、妨碍公共秩序性问题行为以及侵权性问题行为。根据这几类问题行为划分，很容易辨别惩戒行为的起因，也利于我们判断惩戒行为是否合理合法。《刑法》的一个重要的基本原理就是报应刑主义，即罪犯对社会有一种偿付之债，社会则因犯罪的恶行而向其回索。关于如何回索，《汉谟拉比法典》"以牙还牙，以眼还眼"的规定作出了最经典的回答。关于"以牙还牙，以眼还眼"的规定，我们不能只停留在字义上去理解，其实该规定背后所隐藏的法理念是以犯罪人实施犯罪行为所侵犯的利益为刑罚施加于犯罪人时所剥夺的对象，过罚必当，罪过与刑罚要相适应。例如，犯罪人实施了侵犯财产类犯罪，就要剥夺其财产，犯罪人实施了侵犯人身的犯罪，就要剥夺其人身自由甚至生命。只有这样，刑罚才能真正起到震慑犯罪人的目的。虽然教育惩戒与刑罚不同，但其关于惩罚的原理是相通的。教育惩戒措施的实施能否真正起到实际作用，要考察中小学生问题行为背后的过错，对症下药。

4.1.2.1 侵权性问题行为的教育惩戒

侵权性问题行为中，打骂、欺凌同学，打骂老师以及其他故意伤害他人身体行为，多表现为暴力攻击行为，哄抢、抢夺或者故意损毁公私财物也多伴随着暴力攻击行为。其他侵害他人合法权益的行为或有害自己或者有害他人身心健康的危险行为，例如，辱骂老师、同学，各种给老师或者同学造成惊吓甚至身心伤害的恶作剧行为。再如，捉弄同学，在自己铅笔盒里装满苍蝇然后借给别人，在自己身上藏青蛙或者其他昆虫往别的同学身上蹭，往同学书包里塞昆虫，把蛇、蚯蚓扔给同学，给同学座位洒水；捉弄老师，在教室门上放扫帚、放板擦、放盆水等，使老师一推门被砸，对个子矮的老师，故意把板擦放在黑板框上沿等。另外常见的还有偷窃行为。

侵权性问题行为侵犯的是他人的身心健康权或财产权，破坏的是人与人之间的友好关系，因此，需着眼于修复人与人之间的友好关系的目的来确定惩戒措施。

第一，对于暴力攻击行为。暴力攻击行为不适宜采取批评教育的语言类惩戒，有时候语言刺激反而会激发其更严重的暴力攻击行为。

对于暴力攻击行为，除了考虑主观意志，还要考虑引起暴力行为的起因，根据暴力行为的起因采取不同的惩戒措施：

一是因对方的辱骂、挑衅、欺压或其他攻击行为引起的暴力攻击行为。对于这一类暴力攻击行为，仅惩戒实施暴力攻击一方是不行的，需要同时惩戒双方。对挑衅一方的惩戒要重于实施暴力攻击一方的惩戒，因为挑衅一方的主观恶性较大，并应该对这起暴力攻击事件负责。区分轻重责任后，要向被惩戒的双方讲明各自所受惩戒的原因及理由。中小学生有暴力攻击行为，说明他们冲动、好动、体力旺盛、活动能力强，因此，这时候的惩戒措施需要采取体力消耗型的措施，同时令双方一同被惩戒目的是使双方通过共同的运动消弭心中的仇恨，从而修复二人的不友好关系。在具体惩戒措施的适用上，对于这一类惩戒不适宜用批评教育的惩戒方式，采取双方一同罚站，一同负责班级卫生或学校公共卫生等公益服务任务，或者令其二人共同跑步，为二人设定合作输赢目标令二人到操场打篮球等体育竞技方式，会有积极的效果。但挑衅一方受惩戒的时间要长于实施暴力攻击一方，以使二人明确各自责任的轻重。

二是双方本来是玩耍、追逐嬉闹，但在这个过程中因一方或者双方恼羞成怒演变成暴力攻击行为。这一类暴力攻击行为因双方主观恶性较小，可以采取让二人相互拥抱、相互道歉、手牵手罚站、一同跑步的惩戒方式即可解决。

三是纯粹为欺负人、找刺激、找乐子，或者好奇、本能冲动力、罪恶情结动力、逞强、逆反心理等无意识动机而实施暴力攻击行为。这一类暴力攻击行为主观恶性较大，除了采取消耗体力型惩戒方式外，还可以结合采取专门的校规校纪、行为规则教育或心理辅导、行为干预措施，指导这类学生如何释放体内的冲动力，建议在教室内、学校操场或训练室摆放一些沙袋、减压器，在学生再次产生这种暴力冲动时，可以告知学生通过捶打沙袋或其他减压器来平息冲动。

第二，对于辱骂、说脏话行为。对于针对特定对象的辱骂行为，可以使用点名批评、责令赔礼道歉、作口头书面检讨的惩戒方式，同时告知道德与法治课程任课老师专门给学生讲解辱骂也是一种违法犯罪行为。对于辱骂行为，同样要调查起因，如果是被辱骂人挑衅，那么被辱骂人要对这起辱骂事件负责，要承担比辱骂者更重的惩戒。

对于多次辱骂他人，针对不特定的人辱骂，以及说脏话行为，已经涉及妨碍教育教学秩序了。因此，要从如何修复被该行为破坏的良好班级风尚出发，可以考虑令该学生负责班级精神文明建设任务，令其负责治理班级说脏话、随意辱骂他人的行为，并通过精神的、物质的激励措施，使其积极投入到班级精神文明建设工作中去，然后定期与该学生谈心，引导其换位思考，只有这样才能使该学生从教师的角度出发去思考班级精神文明的重要性，才能认识到说脏话、辱骂他人行为的坏处。

第三，对于恶作剧行为。这类行为，也要具体问题具体分析。比如，有的学生喜欢用昆虫捉弄同学，客观反映的是这位学生孤独、不合群的问题，正如黄执中老师所说"你眼中的问题，可能就是别人的解决方案"，出现这类行为可能源自学生在家庭中缺少陪伴，只能跟昆虫交朋友，这类学生捉弄别的同学其实是他表达想跟别的同学交往的一种方式。因此，对于这样的学生，单纯的惩戒只会适得其反，使其更为不合群甚至叛逆。如果通过积极鼓励的方式会收到比较好的效果，比如鼓励这位同学就他喜欢的昆虫给同学们上一次生物课，或者使其跟生物课老师合作，作为生物课老师的助理等。此外，需要安排心理辅导老师，教会他与同学相处、积极融入群体的其他方式。

另外一种恶作剧行为，就是学生捉弄老师了，与学生捉弄学生道理一样，学生捉弄老师，也是学生想与老师交流的一种方式，是学生与老师的斗智斗勇。这种捉弄有时候会把老师弄得狼狈不堪，但老师要学会压抑怒火，如果这种情况下，老师发火，那正是恶作剧学生所期望的。因此，对于这种恶作剧行为，实施惩戒效果并不是很好，可能还会适得其反。这个时候，老师可以通过幽默方式机智化解，比如诙谐自嘲、幽默影射等，从实践案例来看，机智化解的老师往往更能得到学生的尊敬与喜爱。[①] 当然，在机智化解的同时，结合一定的惩戒也是可以的，比如令该学生承担班级公共服务、协助老师完成教学任务等跟老师互动的方式，引导学生通过积极、合理的方式跟老师互动。

但恶作剧这种开玩笑的方式也要有一个限度，如果恶作剧过分，造成对其他同学或老师的侮辱，或者发生人身安全事故，就要面临学校的严厉惩戒，甚至纪律处分了。因此，教师在发现恶作剧行为进行疏导化解的同时，也需要通过举例讲解的方式警告学生恶作剧不能过分，过分是要受到严重处罚的。

第四，对于偷窃行为。中小学生偷窃无外乎想据为己有、报复他人或纯粹为开玩笑捉弄人。中小学生偷窃行为究其根源，在于对自己的财产和他人财产区分的认知模糊，在于对取得和占有财产方式会获得怎样的法律评价的认知模糊。这与法律起源道理是相同的，人类最初的法律就是从划分"我的财产"和"你的财产"，为每个人的财产划出边界开始的，罗马法对正义所下的定义 jus suum cuique tribuere，即"物归其主"

---

① 严育洪:《教育惩戒的场合分析与尺度把握》，现代出版社2020年版，第31页。

（西塞罗语）。① 因此，中小学生偷窃问题反映的正是幼年人类对原初的社会规则的试错和认同过程。因此，对于偷窃行为最有效的方法应当是法治教育。

　　针对偷窃行为的法治教育，包括针对偷窃学生本人的批评教育和以思政课形式对全班、全校学生的法治教育。

　　一是对偷窃学生本人的批评教育。首先，批评教育不适宜公开进行，因为一旦被同学知道，就会被贴上"小偷"的标签，被起外号，被孤立、隔离、歧视。其次，批评教育不能对学生本人作出否定性评价，可以用"别人的东西是不能拿的，但我相信你是一时犯错，我坚信你以后不会再犯这样的错误了，你不会令我失望吧"等类似的用语激励其作出正确的行为，这种否定其行为而鼓励其作出积极向上行为的方式可以起到很好的效果。同时还可以通过"自我代入式"讲故事的方式告诉学生如何控制自己的欲望，比如，告诉学生"我小时候也偷过家长的钱去买零食吃，后来爸爸告诉我下次再想偷的时候先自己打自己的手一下，然后勇敢地告诉爸妈自己想要什么，爸妈会通过让我完成一定任务的方式满足我的愿望"。

　　二是对于思政课上的法治教育问题。目前教学实践中普遍存在的一个现象是，思政课老师讲什么是违法犯罪，什么是盗窃犯罪，总是要把行政违法与刑事犯罪区分开，甚至这都成了一个必考的知识点。举得最多的一个例子就是，盗窃 3000 元以上就是犯罪，盗窃 1000 元就是行政违法。首先，行政违法与刑事犯罪这个区分目前仍然是法学界一个学术争议。世界上绝大多数国家没有这个区分，我国行政违法行为在这些国家属于违警罪的范畴。我国最初是借鉴苏联的立法例，区分了刑罚和行政处罚、治安管理处罚，以保证司法机关能够集中力量打击几类严重的犯罪行为。其次，"盗窃 3000 元以上就是犯罪，盗窃 1000 元就是行政违

---

　　① ［法］菲利普·内莫：《罗马法与帝国的遗产——古罗马政治思想史讲稿》，张立译，华东师范大学出版社 2011 年版，第 1~3 页。

法"这样的讲授会带来很严重的负面效果。从法律知识上来讲，《刑法》条文并没有这么规定，作出这一规定的是刑法司法解释，司法解释这样的规定也不是刚性规定。根据2013年《最高人民法院、最高人民检察院关于办理盗窃刑事案件适用法律若干问题的解释》及2020年新修正的《刑法》第264条规定，盗窃罪立案标准是1000元至3000元，另外还需要考虑情节恶劣的情形，多次盗窃的累计计算，在公共场所扒窃、入户盗窃，携带凶器盗窃的，是没有数额标准的。从道德层面来讲，刑法上的犯罪概念与人们道德观念里的罪是不一样的，未成年人法治教育前提是德育，不是像律师、法学家一样去争论某一行为是不是构成刑法上的犯罪，因此获得对普世道德观意义上的罪恶的憎恶才是未成年人法治教育的根本。上述授课内容很容易变成传授犯罪方法，听了这样的课，学生很容易想到"那我偷2999元就不是犯罪了"。这会直接导致本来道德观念就不强的中小学生更分不清是非善恶。因为相对于什么是行政违法，中小学生对犯罪的认识更为强烈。给中小学生讲怎么区分行政违法与刑事犯罪，极可能导致中小学生以《刑法》来区分是非善恶，从而为自己所作的恶行寻找推脱的理由。

因此，对偷窃行为的法治教育，应该侧重于通过一些事例引导学生确立自己财产和他人财产要明确区分的意识，运用一些简短有力的话语，比如"别人的东西不能拿""君子爱财取之有道"等，长时间的灌输，潜移默化地增进学生的道德认同，比长篇大论地讲法学理论要有实效得多。

4.1.2.2　妨碍秩序性问题行为的教育惩戒

这类行为常见的有结伙斗殴、挑衅闹事、顶嘴吵架、与老师对着干、给老师使绊子、课堂上交头接耳、向老师扔粉笔头、说谎、搬弄是非、懒散拖拉不遵守作息表、沉迷网络、旷课逃学、早恋等。

妨碍秩序性问题行为破坏的是本来良好的社会或集体秩序，因此需着眼于恢复与重建良好秩序的目的确定惩戒措施。

第一，对于结伙斗殴、挑衅闹事等行为的惩戒。结伙斗殴不同于前述暴力攻击行为范畴内的打架，前述暴力攻击行为仅限于两人，而这里的结伙斗殴有聚众的性质，是三人以上实施的行为。这类行为对学校教育教学秩序的破坏性较大。因其主要表现也是暴力攻击，与前述暴力攻击行为一样，需要采取体力消耗型的惩戒，但在具体操作上要注意区别对待。要区分首从，对挑起事端的学生、带头斗殴的学生需要加重惩罚，比如交由公安机关处理，对于其他参加者，令其书面检讨、相互赔礼道歉后，再承担校内公共服务以及适宜学生承担的校内维持秩序性公共服务即可。对于带头、煽动结伙斗殴的学生在公安机关采取教育矫治措施后，未转入专门学校的，所在学校可以令其承担校内公共服务以及适宜学生承担的校内维持秩序性公共服务。除此之外，对这些学生，还需要定期由学校德育工作者开展谈心、交流工作，结合其承担校内公共服务期间的认识和感受，引导其换位思考，使其认识到维持秩序的必要性，增强其对社会良好秩序的认同感和维护秩序的责任感。

第二，对于顶嘴吵架、与老师对着干、给老师使绊子等行为的惩戒。对于这类行为，老师先要考虑自己的语言是否过激、是否伤害学生的自尊心；自己是不是没有把整件事情调查清楚，或者在以前涉及该学生的事件中没有把事情调查清楚，使学生遭受不公正的待遇从而心生怨恨。

这类行为多起因于批评教育等语言类惩戒措施，多数情况是，学生对老师的批评教育不服气而顶嘴、继而跟老师对着干，对老师使绊子。很多老师忌惮于体罚，认为批评教育不会出问题。其实这种观念是错误的，很多暴力攻击行为都起因于言语刺激，如果语言类惩戒使用不当，照样会演变成"变相体罚"，语言暴力的危害不亚于身体攻击性暴力。从目前的教育惩戒实践中，教师滥用批评教育惩戒方式，侮辱贬损学生人格尊严的事件时有发生。教育惩戒是否定学生的问题行为，不是否定学生本人，不能在批判教育时使用侮辱性词语贬损学生人格。语言类惩戒不是法律赋予老师辱骂学生的权柄。在教学实践中，很多曾经有着丰富班主任工作经验的老师都发现这样一个现象，很多被班主任老师动手打过的男孩子反而跟班主任关系很好，甚至犯错了，会主动要求班主任老师打自己。中国古人有句名言"士可杀不可辱"。中小学阶段正是儿童自尊意识养成的关键阶段，他们需要家长、老师的肯定，对于他们来讲，带有侮辱诋毁性质的批评的伤害性不亚于体罚，而没有语言侮辱的适度责打，反而能有效纠正他们的问题行为。心理学家也认为，事先告知儿童因犯什么错误才受这种惩罚，并告知打屁股打几下，这种方法对于纠正儿童错误行为是有效的。[①] 此外，中医上的刮痧、拔罐、推拿、针灸，都是以给肌体造成一定疼痛来治疗疾病的。当然，适度责打的方式并不适用于女学生。

　　语言类惩戒即使本身是负面的批评，也完全可以通过正面积极鼓励的语言来行使。比如，不遵守课堂秩序行为，老师完全可以通过比喻的方式，比如课堂上交头接耳比喻像苍蝇嗡嗡的声音，比如打架可以表述成动手能力强，进而再说决定惩戒一下。这样既不伤害学生的自尊，又可以使学生认识到自己行为的错误之处。

　　当然，还有很多跟老师顶嘴吵架、与老师对着干、给老师使绊子的学生，与老师并没有任何过节。这种情况，也可能正是因为跟老师没有任何交流，使这类学生感觉自己被冷落、被忽视、被抛弃，所以才与老师对着干。对于这样的情况，老师上课多提问、多安排其承担一些班级公共服务的任务，比如收作业、统计考勤等，以促使其与老师互动，效果会更好。

　　第三，对于说谎、搬弄是非、懒散拖拉不遵守作息表、沉迷网络、旷课逃学等行为的惩戒。之所以把这几类行为放在一起，是因为这几类行为经常是互为因果的，目的都是不学习、不做作业、逃离学校的教育教学秩序，根源都可以追溯到沉迷网络上，都跟网瘾有莫大的关联。根治这些问题，仅靠学校的力量是不够的，还需要联合家庭和社会的力量，社会上的网吧、酒吧等地方必须严格执行禁止未成年人进入的规定，家庭需要下决定禁止未成年人玩手机，学校需要禁止学生带手机进校园。

---

① 严育洪：《教育惩戒的场合分析与尺度把握》，现代出版社2020年版，第23页。

对于发现学生带手机进校园的，学校可以依据《中小学教育惩戒规则(试行)》的规定，采取暂扣保管措施，但应明确告知学生会把手机交还给其家长。此外，多组织课外体育活动，通过积极鼓励的方式使有上述问题行为的学生参与到各类体育竞技类活动中，分散其注意力，通过现实的游戏将其从网络游戏中吸引过来。

旷课逃学还可能有其他诱因，比如吸烟，饮酒，结交社会上有不良行为的人，赌博，吸毒，贩毒，阅览、观看、贩卖色情暴力的读物、音频资料，卖淫嫖娼或进行淫秽表演等。

对于吸烟饮酒行为，要分清原因，有的是跟同学聚会，或者是应对学校无聊生活的一种方式。如果仅一次两次，不是上瘾行为，则无需小题大做。对于同学聚会等原因吸烟饮酒，可以责令其背诵青少年吸烟饮酒危害身体健康的基本知识即可。如果是因为学习压力、学校生活无聊，找不到生活目标，可以责令其组织策划班级集体外出活动、班级体育竞赛，激发其生活兴趣。

如果是吸烟饮酒上瘾，以及结交社会上有不良行为的人，赌博，吸毒，贩毒，阅览、观看、贩卖色情暴力的读物、音频资料，卖淫嫖娼或进行淫秽表演等行为，则需要动用学校力量，可以通过训导、进行心理疏导等方式，发现其生活的兴趣点，然后围绕其兴趣点安排及鼓励该学生通过竞技体育运动、跑步、学校集体外出活动，来消解其内心压力或不正常的心态。对于因家庭经济困难出现上述问题行为的，在心理疏导的同时，需要学校通过适当的、不伤害其自尊的方式，给其奖学金或助学金资助。

说谎、搬弄是非还可能基于报复、忌妒、不想让某学生跟另外一个学生交朋友等原因。对于这类说谎、搬弄是非行为，破坏的是三个以上人之间的友好关系，或者学生与老师之间的友好关系，这种行为主要破坏的是集体和谐秩序，因此，需要侧重于修复集体和谐秩序的目标来进行惩戒，责令说谎、搬弄是非的学生承认错误、赔礼道歉，令其负责修复被其破坏的三人以上的友好关系等惩戒措施，可以取得良好的效果。

说谎、搬弄是非破坏老师跟学生之间友好关系的，老师也应当责令其承认错误、向自己赔礼道歉，而不是批评教育。

第四，对于早恋行为的治理。《预防未成年人犯罪法》所罗列的不良行为、严重不良行为中没有涉及早恋行为，中小学生日常行为守则中也没有涉及早恋问题。《中小学教育惩戒规则（试行）》中对中小学生的问题行为采取的是概括式列举方式，实际上可以涵盖中小学生在学校的各种问题行为。早恋行为作为中小学校常见多发的难以治理的问题行为也需要予以关注。

早恋行为本身既不涉及侵权、妨碍秩序，也不涉及学业问题，但如果沉迷于早恋关系中，可能分散学生注意力，影响学业，更严重的可能造成未成年女性怀孕、流产或患上相关疾病等严重后果，从而损害未成年人的身心健康，这就涉及妨碍教育教学秩序，甚至属于侵权行为了。因早恋行为的治理需要从维护学校教育教学秩序着手，因此，本文也将其放在妨碍秩序性问题行为中来探讨。

单纯的早恋行为是未成年人青春萌动的主要表现形式之一，也是人之常情，因此不应该苛责。在具体治理措施上，需要合理引导学生正确处理早恋行为，而不是简单粗暴地否定制止。在疏导过程中，一方面要加强学校管理和生理健康教育，尤其是寄宿制学校，避免未成年学生发生性行为；另一方面，合理引导早恋行为，比如发现早恋行为，可以将两位早恋学生座位调换到一起，为早恋学生创造更多相处的机会，为他们安排更多的合作学习任务，比如各种小组学习任务、室外活动任务都在同一组，同时鼓励他们相互学习、相互督促。早恋行为萌发于青春期男女的好奇心理，为他们创造更多正当的接触机会，一方面有利于双方更快地认识到各自的缺点，消除好奇心理；另一方面，接触机会越多，矛盾也会越多，从而可以更好地消弭早恋行为。如果早恋的学生能够正确地处理好早恋关系，同时也能够处理好合作学习关系，双方都能在学习上、成长上取得很大的进步，在两性关系上又适可而止，那就更没有必要制止了。

4.1.2.3 学业性问题行为的教育惩戒

常见的学业性问题行为包括：故意不完成作业、作弊、作假等行为，作假，比如抄袭他人作业、花钱雇人完成作业、家长一起作假等。

这些行为也妨碍了学校的教育教学秩序，但其是通过不学习、阻碍自己学业完成的方式来妨碍教育教学秩序的，因此，要围绕其学业问题确定适当的惩戒方式。

对于故意不完成作业的惩戒。最直接的方式应该是责令其完成作业，可以通过课后教导的惩戒方式指导其完成作业，例如，设定适当的时间如 15 分钟令其固定在座位上做作业，不能动，从而训练其专注力。

对于抄袭作业、雇人完成作业、家长代做作业等作假行为，同样需要责令其本人亲自完成作业，惩戒方式同上。

对于考试作弊行为，除了其本次考试成绩作废以外，还应该给其第二次机会，使其通过自己的积极行动来弥补以前的过错。

4.1.2.4 防微杜渐，强化中小学的思想品德教育

除了针对不同的问题行为采取适当的惩戒措施外，思想品德教育是从培养中小学生道德认同的角度预防中小学生问题行为。

中小学阶段正是儿童德行塑造的关键时期，而人类的成长发育过程是一个不断试错的过程，出现问题行为，是人类儿童时期的必经阶段。因此，出现问题行为不可怕，可怕的是出现问题行为以后，推卸责任，不从道德上责备自己，而是为自己的问题行为寻找开脱的理由。有学者将其称之为道德推脱，即个体将自身的非道德行为与内在价值标准相分离，以避免道德自我制裁，为自己的非道德行为寻找心安理得的理由。[①]但研究表明，这种道德推脱发生概率会随着个体年龄增长而出现显著下

---

① Bandura, A. Social foundations of thought and action: A social cognitive theory, Englewood Cliffs, NJ: Prentice Hall, 1986, p. 3.

降的趋势（14岁至20岁），① 这正是教育的力量。因此，对于中小学生的思想品德教育在帮助其避免道德推脱、勇于承担责任方面发挥着举足轻重的作用。但目前的思想品德教育还是存在一些问题的，除了上文讲述盗窃罪时出现的问题，还有其他一些问题：

一是目前中小学思政课老师普遍认可的，对刑事责任年龄的讲授存在严重问题。以前很多中小学思政课老师都是简单地讲述，比如，"14周岁以下不负刑事责任，犯任何罪都不会遭受刑罚，14周岁至16周岁对几类犯罪负刑事责任"。2020年《刑法修正案（十一）》将故意杀人、故意伤害致人死亡犯罪的刑事责任年龄降为12周岁。有些地区的中小学思政课程考试中，甚至将刑事责任年龄作为重要考点。实践中，这种讲授方式，会产生严重的社会问题，会使很多中小学生产生阴暗的想法，使他们模糊杀人、抢劫、强奸等恶行本身的道德罪恶，并为自己的各种恶行寻找道德推脱的理由。现在很多中小学思政课老师都表示不敢再讲刑事责任年龄这个知识点。

二是在区分道德与法律的问题上，很多中小学思政课老师授课时都会这样帮学生们区分："违反道德不会受国家制裁，违反法律会遭受国家制裁，法律是有国家强制力保障的，而道德没有国家强制力保障。"这样的讲授方法，会导致中小学生丧失对道德的尊重，无视道德，只以法律作为自己行为的标准，甚至只以不违反刑法为标准要求自己，从而又为自己的恶行找到了道德推脱的理由。道德是有多个层次的，包括高尚的道德、基本道德和底线道德。法律是道德的底线，刑法是法律的底线，所以不是违反道德不受制裁，如果在民商事交易过程中违反诚信、公平正义、平等自愿等基本道德会受到民事制裁，如果违反不得杀人、不得偷窃、不得抢劫等人类社会的底线道德会受到严厉的刑事制裁，只是对

---

① Paciello M, Fida R, Tramontano C, et al. Stability and change of moral disengagement and its impact on aggression and violence in late adolescence, Child Development, 2008, 79 (5): 1288-1309.

于乐于助人、见义勇为等高尚的道德，法律无法强制人们履行，因此，只有违反了高尚的道德才不会受到法律的制裁。

中小学生的思想品德教育核心在于强化其道德认同，而不是道德认知。道德认知只是简单地让中小学生掌握相关道德知识，但实际问题是他们知道的道德知识越多，就越能为自己的错误行为、问题行为找到推脱的借口，从而助长他们道德推脱的恶习。从近几年出现的低龄未成年犯罪人为自己辩护的理由中，能明显感觉出其道德推脱的问题。①

如何通过思想品德课促使中小学生形成道德认同呢？中小学生的思想品德教育，尤其是法治教育应该淡化知识点考察，淡化应试教育的影响，着重于对学生法治观念、法治思维的考察。比如，上海市中小学法治教育试点的初中道德与法治卷试行开卷考试，考试内容是对一起事例进行评析，根据学生的评析完全能够考察出学生的法治观念、道德素养。

中小学生思想品德教育是一项细致、庞大、漫长的工程，需要长期的、坚持不懈的努力。比如，在中小学生思想品德教育中，除了每学期一定的思政课课时量以外，学校每天的早操、每节课的上课下课、每周的升旗等仪式都需要运用简单有力的强化道德认同的口号，并定期组织学生观看《甲午海战》《地道战》等三观正确的老电影，并长期贯彻下去，才能产生切实有效的效果。

4.2 区分中小学教育惩戒中的正当行为与体罚

前文已述，对于中小学生的侵权性问题行为和严重妨碍秩序性问题行为，有采取包含一定身体力量的惩戒措施的必要性。这里就出现了教育惩戒与教育法律法规规定的禁止体罚的规定之间如何协调的问题。

---

① 张萌、夏培芳、张宇航：《犯罪青少年心理与行为的脱离机制——基于道德推脱的视角》，载《中国人民公安大学学报（社会科学版）》2018年第4期。

4.2.1 体罚的界定

我国法律明确规定了允许教育惩戒和禁止体罚，但对于教育惩戒和体罚如何区分，什么样的情形需要界定为体罚，并没有明确的法律规定。这些问题都需要进一步探讨。

关于体罚的定义，我国法律上并没有明确界定。考察其他国家的法律规定，美国并不是所有的州都禁止体罚的，而日本则是明确禁止体罚的，以这两个国家为例，来对体罚的概念进行一些探讨。

日本禁止教育上实施体罚，并且其禁止体罚的规定可以追溯到1879年的《日本教育令》第46条，但日本的教育法律也没有具体地界定体罚，仅是根据一些判例和具体的参考事例，对什么是体罚给予一些参考指引。

日本1917年的一起案例，一个儿童在课堂上存在扰乱课堂秩序的行为，教师为制止这种妨害课堂秩序行为而误致该儿童倒地受伤。当时的日本最高法院在判决中指出，教师实施惩戒权时需要尽必要的注意义务，避免伤害学生身体健康属于教师职务上当然的义务。[①] 从该案例中法院的立场来看，仅是否定该教师未尽必要注意义务，而未否定该惩戒行为的行使，而从案情来看，该惩戒行为的行使使用了一定的身体力量。1930年日本地方法院的一起案例中，法院提到并未带来身体上伤害程度的轻敲行为，好比家长对其保护之下的孩童所行使之惩戒方法，但如果超越了这种程度，则有悖于通常的社会观念。[②] 从该案例中法院的立场来看，法官是赞同未带来身体上伤害程度的轻敲行为作为教育惩戒的措施的，并将这一惩戒措施等同于家长对自己监护的孩童所行使的惩戒方法，也

---

① 郑超:《教育惩戒与体罚的边界——基于日本经验的比较分析》，载《湖南师范大学教育科学学报》2020年第1期。

② 郑超:《教育惩戒与体罚的边界——基于日本经验的比较分析》，载《湖南师范大学教育科学学报》2020年第1期。

就是说，对未成年学生所使用的未带来身体伤害程度的轻敲行为作为教育惩戒措施的理论依据是家长对自己孩童依据亲权行使的惩戒权。

从这两起案例中可以看出，日本教育法律虽然禁止体罚，但实践中允许教师对未成年学生的惩戒措施中使用一定的身体力量，但以未造成未成年学生身体伤害程度为限。

2019 年，日本文部科学省在公布《指导通知》时，以附件形式针对其《日本学校教育法》第 11 条的原则性规定给出了一些具体参考事例，为认定体罚提供指引，提出体罚包括但不限于以下两大类：一是以身体侵害为内容的行为，比如掌掴、脚踢、拧脸颊、手掌击打头部等；二是对受罚者肉体施加痛苦的行为，比如禁止上厕所、挨饿、长时间保持一个姿势。①

从国外教育法律关于体罚的规定来看，也并不是清一色的禁止体罚，如美国一部分州明确允许对中小学生实施体罚②，并规定了体罚的程序。《日本学校教育法》第 11 条规定对中小学生可以实施惩戒，但不可体罚。同时在 2019 年日本通过《指导通知》的形式对《日本学校教育法》第 11 条进行了解释，将学校教育中类似于正当防卫、紧急避险、自力救济等行为统称为正当行为，排除在体罚之外，但日本关于教育惩戒与体罚之间的边界仍然不清晰。③ 1989 年《联合国儿童权利公约》跟禁止体罚相关的规定是第 37 条，"任何儿童不受酷刑或其他形式的残忍、不人道或有辱人格的待遇或处罚"。需要明确的是，并不是所有包含物理上有形力的惩罚都应该归入体罚之列。我国台湾地区对学生的处罚措施有两类，管教和惩戒，管教是一种教育措施，由教师施行，不作记录，管教手段

---

① 郑超：《教育惩戒与体罚的边界——基于日本经验的比较分析》，载《湖南师范大学教育科学学报》2020 年第 1 期。

② 田鹏慧：《义务教育阶段学生惩戒措施的种类与设定》，载《中国教育学刊》2014 年第 11 期。

③ 郑超：《教育惩戒与体罚的边界——基于日本经验的比较分析》，载《湖南师范大学教育科学学报》2020 年第 1 期。

没有一定标准，包括口头责备、罚站、罚写作业、暂时性疼痛措施（如打手心、打屁股）或罚做特别动作（如青蛙跳）等；惩戒属于行政处分，由学校行政单位为之，应保留记录。① 因此，无论古今中外，体罚都曾经是或仍然是一种惩戒形式，体罚和变相体罚只是惩戒的下位概念。关键是认定惩戒措施中哪些体罚是应当禁止的。② 上述联合国儿童权利公约的规定也为体罚的界定提供了指引，要判断体罚关键是把握"酷刑""残忍""不人道""有辱人格"几个关键词。而在具体的教育惩戒实践中，并不是所有的中小学生问题行为都能够用文明的、不包含任何物理上有形力的惩戒来解决。在一些特定场合，教师实施包含有物理上有形力的惩戒措施带有客观必然性。

4.2.2 对中小学生的不法侵害进行反击的行为是正当行为而非体罚

中小学生侵权性问题行为和部分严重妨碍社会秩序性问题行为两类问题行为具备法益侵害性，均属于不法侵害，属于法律调整的范围，但由于中小学生作为未成年人均为无刑事责任能力人或限制刑事责任能力人，对其不法侵害行为的制止，刑法无法发挥有效作用，而学校及教师又忌惮体罚与有违师德的惩罚，而无法有效制止这类不法侵害行为。这就涉及教育惩戒中的一类特殊的合理惩戒措施，即包含物理上有形力，具备"体罚"特征的正当行为。

第一，对无刑事责任能力或限制刑事责任能力的未成年人的不法侵害可以进行正当防卫。维护国家和社会的安全稳定，不仅有公安司法机关公权力的介入，法律也允许特定情形下的私力救济。为了鼓励公民同

---

① 李惠宗：《教育行政法要义》，我国台湾地区元照出版有限公司 2004 年版，第 123~125 页。

② 申素平：《教育惩戒立法研究》，载《中国教育学刊》2020 年第 3 期。

违法犯罪行为作斗争，《刑法》规定了正当防卫这一违法阻却事由。"正当防卫是国家确认并赋予公民的一项基本权利，是公民与不法侵害人违法犯罪行为作斗争的积极正当手段，公民正确行使正当防卫权，对正在进行的不法侵害人而言，具有天然的正当性与优位性。"① 正当防卫不仅仅是我国《刑法》规定的一项违法阻却事由，更承载着在立法上重要的社会治理价值和引导公民抗击不法行为的政策功能。②

我国现行《刑法》第20条规定了两种情形的正当防卫：第一种是一般正当防卫权，即对国家、公共利益、本人或者他人的人身、财产和其他权利正在遭受不法侵害时的正当防卫，因此，造成不法侵害人损害的，不负刑事责任，对于一般防卫权，要求不能超过必要限度造成不应有的损害；第二种是无限防卫权，即对正在进行的行凶、杀人、抢劫、强奸、绑架以及其他严重危及人身安全的暴力犯罪进行防卫，即使造成不法侵害人伤亡的，仍属于正当防卫，不负刑事责任。我国《民法典》第181条规定，因正当防卫造成损害的，不承担民事责任。因此，正当防卫既不承担刑事责任，也不承担民事责任。

从防卫人来说，被侵害人以及被侵害人以外的第三人，都有权针对不法侵害进行防卫。从防卫对象来说，只要是国家利益、公共利益、本人或者他人的人身、财产或其他权利正在遭受不法侵害，任何人都可以针对不法侵害人采取制止不法侵害的行为，《刑法》并没有明确规定不法侵害人仅限于具有刑事责任能力的人，也没有明确禁止对未成年人侵害行为的防卫。这里的不法侵害当然并不限于犯罪行为，因为面对不法侵害，不能奢望被侵害人或者第三人先去判断这个不法侵害是否构成犯罪。

学界对无责任能力人、限制责任能力人能否进行防卫有争议，国际上主要存在主观违法论和客观违法论之争，主观违法论者认为未成年人

---

① 高铭暄：《正当防卫与防卫过当的界限》，载《华南师范大学学报（社会科学版）》2020年第1期。
② 曾粤兴：《正当防卫的司法误区》，载《中国刑事法杂志》2019年第5期。

等无责任能力者，由于不能正确理解法律规范的具体含义，因此，实施的侵害行为不能认定为违法行为，不得对其防卫。① 客观违法论认为，法律是客观的评价规范，不论行为人是否具备责任能力，只要其行为客观上违反了法律规定，对法益造成了实际侵害或危险，就具备违法性，因此，未成年人等无责任能力者实施的侵害行为，当然是不法侵害，可以对其实施防卫。② 我国刑法学者对此也存在肯定说、否定说和折中说的争议，如肯定说认为无责任能力只是未成年人、精神病人不负刑事责任的根据，而不是不得对其实施防卫反击的理由，由于客观上对法益造成了侵害或危险，即属于不法侵害的范畴。③ 否定说认为不法侵害必须是主客观相统一的行为，无责任能力者实施的侵害行为，或者是病态或者是年幼无知，不能接受法律的否定性评价，因此，不属于《刑法》规定的不法侵害，不是正当防卫的对象。④ 折中说认为，原则上应当允许对未成年人等无责任能力者实施的侵害行为进行防卫，但对无责任能力者的防卫行为应有所限制。这也是现在刑法学界的通说。⑤

正是由于学界的争议，以及曾经"维稳优于维权"观念的影响，⑥ 关注个案中针对被害人及其家属的"维稳"，与正当防卫的权利本位属性相背离，更束缚了公民正当防卫权的有效运用。⑦ 正当防卫制度曾经一直遭遇司法冷遇，虽然《刑法》中有明确规定，司法实践中却很少适用，几乎沦为僵尸条款，更遑论对未成年不法侵害人的正当防卫了。在保障未

---

① 余振华：《刑法违法性理论》，我国台湾地区元照出版有限公司2001年版，第146~147页。

② [德]克劳斯·罗克辛：《德国刑法学总论》，王世洲译，法律出版社2005年版，第430~431页。

③ 何秉松：《刑法教科书》，中国法制出版社1997年版，第334页。

④ 刘明祥：《紧急避险研究》，中国政法大学出版社1998年版，第131页。

⑤ 高铭暄：《刑法学原理》（第二卷），中国人民大学出版社2005年版，第214页。

⑥ 陈璇：《正当防卫、维稳优先与结果导向——以"于欢故意伤害案"为契机展开的法理思考》，载《法律科学（西北政法大学学报）》2018年第3期。

⑦ 谢澍：《正当防卫的证明难题及其破解——激活正当防卫制度适用的程序向度》，载《政治与法律》2020年第2期。

成年人利益、实现未成年人利益最大化、一切为了儿童的社会舆论大背景下，针对未成年不法侵害人的正当防卫如履薄冰，但大量发生在校园内的霸凌案件、不法侵害案件，都是未成年人针对未成年人的侵害，那么保障未成年人利益，到底是未成年侵害人的利益，还是保障未成年被侵害人的利益。为了保障未成年人利益，法律已经做了很大的让步，对于绝大多数未成年人的违法犯罪行为，法律是不予追究的，但法律不予追究，并不是说未成年不法侵害人就可以肆意妄为了。

公权力不予追究，并不是否定公民的私力救济，《刑法》对正当防卫的规定并不排除对未成年不法侵害人的防卫，对未成年不法侵害人的防卫同成年不法侵害人的防卫同样享有法律正当性评价的权利。"正当防卫行为应该受到法律的优先保护"，以"充分彰显防卫权的天然正当性及其对抗不法侵害的优越性"，因此要"正确激活与依法行使防卫权""从防卫权优先的基本立场出发，树立有利于防卫人的解释立场与价值取向，适度放宽防卫限度，对防卫过当予以必要的包容""从正与恶的对立、合法与不法的制衡角度"分析防卫正当性。① 防卫正当性只关乎正与恶，合法与不法，与年龄无关。

第二，对未成年人的正当防卫不可避免地使用一定的物理上的有形力。2020年最高人民法院、最高人民检察院、公安部发布的《关于依法适用正当防卫制度的指导意见》规定，成年人对于未成年不法侵害人可以实施防卫，明知侵害人是无刑事责任能力人或者限制刑事责任能力人的，应当尽量使用其他方式避免或者制止侵害；没有其他方式可以避免、制止不法侵害，或者不法侵害严重危及人身安全的，可以进行反击。

根据该规定，对中小学生实施的不法侵害进行正当防卫包括避免、制止不法侵害和以武力反击两种情形。使用武力反击这种防卫方式的限制条件有两个：一个是没有其他方式可以避免、制止不法侵害；另一个

---

① 高铭暄：《正当防卫与防卫过当的界限》，载《华南师范大学学报（社会科学版）》2020年第1期。

是如果不法侵害严重危及人身安全,无需考虑其他避免、制止不法侵害的方式,直接予以武力反击。这一规定为中小学校对发生在校园内的校园霸凌等不法侵害行为由学校或教师实施带有身体力量的惩戒提供了法律依据。教师及其他教职工等任何成年人,都能够作为正当防卫主体对校园内发生的不法侵害实施反击。这里的反击当然不可避免地包含了身体力量,但这些反击行为属于法律上的正当行为,不属于违法犯罪行为,更不属于体罚。

第三,中小学校对校园内未成年人的不法侵害有进行惩戒的法定职责。首先,中小学校对校园内学生间发生的不法侵害负有未尽到管理职责的补充赔偿责任。学校作为校园霸凌等中小学生实施的不法侵害的最直接的防治主体,在防治工作中起着举足轻重的作用。有学者提出,为防治校园霸凌,需要在校园内设置专门防治"校园霸凌"的组织机构,并需要心理咨询师、法律工作者、医师、行政管理者、公安安保人员等常驻或候补,明确校园及校园周边的公安机关的首要任务;同时还要明确细化学校、教师、家长、学生在应对校园霸凌发生、发现、处理过程中的责任义务。① 的确有条件的学校也设置了这些制度,很多学校设置了德育室、法治副校长,但这种制度的设置并没有强化学校的责任,实际上是把校园霸凌案件的责任推给了公安机关、社会工作者。这种做法实践中的成效有多大仍然存疑。

根据《民法典》第 1201 条规定,无民事行为能力人或者限制民事行为能力人在幼儿园、学校或者其他教育机构学习、生活期间,受到幼儿园、学校或者其他教育机构以外的第三人人身侵害的,由第三人承担侵权责任;幼儿园、学校或者其他教育机构未尽到管理职责的,承担相应的补充责任。幼儿园、学校或者其他教育机构承担补充责任后,可以向第三人追偿。虽然中小学生在学校受到学校以外的第三人人身侵害,由

---

① 张子豪:《"校园霸凌"防治路径探索》,载《学校党建与思想教育》2018 年第 5 期。

第三人承担侵权责任,但学校同样要承担未尽到管理职责的补充责任。对于校园霸凌案件等未成年人不法侵害,学校的防治应该首要体现为尽到管理职责,如何才能尽到管理职责就是要动用学校及教师的教育惩戒权。

其次,中小学校和教师对中小学生的不法侵害进行惩戒也是教育惩戒权的应有之义。中小学生均为无刑事责任能力人或者限制刑事责任能力人,中小学生对他人实施不法侵害,多数情况下是不负刑事责任的。但国家对中小学生的不法侵害不予制裁,并不是说中小学生就不需要对自己实施的不法侵害行为承担责任了,不需要接受处罚了。根据《教师法》《教育法》的规定,父母、教师和学校都有权利和义务保证中小学生履行受教育的义务、遵守学生守则、尊敬师长、遵守学校管理规定,否则要承担法律责任。这是国家为父母、教师、学校创设的义务。如果中小学生违反上述义务,父母的处罚权就是亲权中的管教权,教师及学校的处罚权表现为教育惩戒权。[①] 所以,对于不负刑事责任的未成年人,国家将对其处罚的权力转嫁给了父母、学校、教师。如果中小学生实施不法侵害,学校及教师为了制止该不法侵害,实施了包含身体力量的惩罚,完全可以认定为正当防卫,而不是体罚。

最后,校园霸凌符合不法侵害的主客观要件,应该适用《刑法》关于正当防卫的规定。根据《刑法》第20条关于正当防卫的规定,不法侵害包括侵犯生命、健康权利的行为和侵犯人身自由、公私财产等权利的行为。不法侵害既包括犯罪行为,也包括违法行为。此外,2020年《最高人民法院、最高人民检察院、公安部关于依法适用正当防卫制度的指导意见》明确规定,成年人对未成年人实施的针对其他未成年人的不法侵害,应该劝阻、制止;劝阻、制止无效的,可以实施防卫。校园霸凌就是未成年人对其他未成年人实施的不法侵害,严重侵犯被霸凌未成年

[①] 湛中乐、康骁:《教育惩戒规章的合法性分析》,载《复旦教育论坛》2020年第3期。

人的生命权、健康权，完全具备不法侵害的主客观要件。

对于校园内发生的学生遭受第三人不法侵害的案件，学校和教师是直接管理人，更是能够最早知悉和最熟悉案情的人，因此，有管理的职责，更有实施惩戒的必要。

4.2.3 明确区分教育惩戒中的正当行为和体罚

虽然《教育法》《义务教育法》《教师法》都明确禁止体罚，但并不是只要对学生的处罚包含施加身体力量的成分就要被定义为体罚。体罚的界定还需要结合特定的情境来判断。

4.2.3.1 施加包含物理上有形力的惩戒认定为体罚的主客观要件

体罚主观要件体现为并非出于教育的心理。虽然目前的法律规范中并没有体罚的明确含义，但体罚之所以被禁止，主观上体现为打击报复、发泄私人感情等心理，非出于教育心理。对于体罚主观心理的判断也要结合具体情境来判断，就是要调查惩戒的起因，如果是因为学生学业性问题行为，和迟到、早退、上课交头接耳、学校升旗等公共活动中不服从管理等轻微妨碍公共秩序性问题行为，而使用了包含物理上有形力的惩戒措施，比如掌掴、拧脸、脚踹等行为，因为其惩戒的起因与物理上的有形力并不能相互解释，并且针对上述学业性问题行为和迟到、早退等轻微妨碍公共秩序性问题行为，施加物理上的有形力并不能起到切实的教育作用，因此，这些情境下的物理上的有形力就无法解释为出于教育心理。

客观上对学生的身心健康造成伤害，不仅包括对肉体的直接侵害，还包括对受罚者肉体施加痛苦的行为。根据《联合国儿童权利公约》第37条的规定，判断体罚关键把握"酷刑""残忍""不人道""有辱人格"几个关键词，比如掌掴、拧脸、脚踹、禁止上厕所等行为，这种对学生身心健康的伤害必然包含侮辱、不人道等因素。对体罚客观方面的判断也要结合具体情境来判断是否对学生身心健康造成伤害。如果是为了制止未成年人侵害其他未成年人,而采取了一定的身体力量,这种行为本身不符合体罚的客观要件。

对于体罚的认定不应该由学校来认定,也不应该由教育行政部门来认定,更不应该由学生家长说了算,对于体罚的认定应该由公安机关判断并处罚。比如日本,体罚行为由司法机关通过司法程序认定和处罚,多属于违警罪。① 在美国,很多州允许体罚,关于体罚的争讼,也是由司法机关通过司法程序判定属于正当体罚还是虐待儿童罪,认定构成虐待儿童罪的,再区分重罪、轻罪、违警罪予以处罚。② 大陆法系和英美法系国家刑法多坚持将犯罪分为三类,即重罪、轻罪、违警罪。其中的违警罪即我国的《治安管理处罚法》和《行政处罚法》中的治安性和行政性处罚。③ 我国大量的轻微犯罪和治安违法由行政机关处罚,较之于通过司法程序的刑罚处罚,存在公安机关无其他机关制约也没有赋予被处罚者各种程序性权利的情况下独自决定适用,有悖法治的基本要求等问题,治安管理处罚和行政处罚同样关系到被处罚人的切身利益,对此,很多学者也一直提议制定治安刑法、行政刑法。④ 因此,鉴于体罚认定关系到教师和学生的切身利益,对于体罚的认定理应归属于司法机关,虽然目前我国尚未制定治安刑法、行政刑法,但由公安机关认定与处罚符合目前我国的法律规定,体罚一旦成立,就属于侵犯人身权利的违法行为,需要公安机关的介入。

---

① 秦惠民、杜颖杰:《日本教育惩戒与体罚的区分——基于立法、司法和行政的视角》,载《教育研究》2020年第12期。

② Welsh, Ralph S. Delinquency, Corporal Punishment, and the Schools. Crime and Delinquency, Vol. 24, Issue 3(July 1978), pp. 336-354; Moen, Ole Martin. Judicial Corporal Punishment. Journal of Ethics and Social Philosophy, Vol. 17, Issue 1(March 2020), p. 27-47.

③ 刘仁文:《调整我国刑法结构的一点思考》,载《法学研究》2008年第3期。

④ 陈兴良:《犯罪范围的合理定义》,载《法学研究》2008年第3期。

4.2.3.2 施加包含物理上有形力的惩戒认定为正当行为需具备的主客观要件

第一，主观上判断惩戒的合理性。施加包含物理上有形力的惩戒必须具备合理的理由，也就是正当防卫必须具备保护法益的意图，如果是保护非法利益，比如窝藏的赃物、毒品，不法侵害人的抵抗等，或者为了侵害对方，故意以语言、行动挑拨对方侵害自己再予以反击的防卫挑拨，都不具备正当防卫的意图。

对于校园内的惩戒认定为正当防卫的，首先，判断惩戒的起因，也就是因学生的哪一类问题行为引起的惩戒，比如侵权性问题行为，打架、斗殴、喝酒、吸毒等严重妨碍社会秩序性问题行为，属于施加物理上有形力惩戒的合理的理由。其次，需要惩戒实施者发现了不法侵害正在实施，惩戒实施者主观上是为了制止未成年不法侵害人的侵害行为，而实施了一定的物理上的有形力，比如往后扭住胳膊、按压后背等，并在制止未成年人不法侵害后没有再进一步使用武力。

第二，客观上判断惩戒中施加一定的身体力量是否必要。根据正当防卫的客观要件，正当防卫必须是不法侵害正在发生时，也就是惩戒实施者施加物理上有形力制止不法侵害或者针对严重危及人身安全的不法侵害进行武力反击，都需要针对正在进行的不法侵害。如果已经制止了未成年人的不法侵害，就不能再使用物理上有形力进一步击打该未成年侵害人，比如针对多个中小学生围殴一个中小学生的情形，教师可以直接使用武力击打并将围殴的中小学生依次控制住，接下来可以对这些实施侵害的中小学生施加罚站、罚跑等法定的惩戒措施，也可以报告学校进行纪律处分，但不能再继续对这些实施侵害的中小学生实行掌掴、脚踹、拧脸等处罚，这些惩戒措施就涉及体罚了。再比如有的中小学生当众猥亵女生，或者当众对着女生脱裤子，对于这类不法侵害，教师可以直接使用一定的身体力量予以制止，如控制该中小学生的身体、将其胳膊扭至后背、将其摁倒在地等，再进一步施加罚站、罚跑、面壁等法定惩戒措施。

4.2.3.3 对中小学生不法侵害进行的包含物理上有形力的惩戒认定为正当行为后各方的法律责任

第一，正当防卫人不负刑事责任和民事责任。根据《刑法》第 20 条和《民法典》第 181 条规定，因正当防卫造成损害的既不承担刑事责任，也不承担民事责任。所以，针对中小学生实施的不法侵害，教师在制止未成年人的不法侵害过程中造成该未成年人损伤的，或者没有其他方式能够避免、制止不法侵害发生，或者不法侵害严重危及人身安全时，进行反击，使用了物理上的有形力，因此而造成该不法侵害的未成年人损伤的，未超过必要限度的均认定为正当防卫，不负刑事责任和民事责任，更不能认定为体罚。

如果是第三人实施的正当防卫行为，避免了国家、公共利益或者被侵害人人身财产重大损失的，可以被认定为见义勇为，受到国家的表彰。

第二，未成年侵害人需承受因正当防卫遭受的损害和对其侵权行为承担无限赔偿责任。虽然我国《刑法》规定了未达刑事责任年龄的未成年人不负刑事责任，但这并不意味着未成年人实施不法侵害不用负担任何责任了。根据《刑法》的制度设置，未成年不法侵害人要承担被侵害人或第三人因实施针对自己的正当防卫而遭受的损害，如果未成年侵害人实施行凶、杀人、抢劫、强奸、绑架以及其他严重危及人身安全的暴力犯罪，还要承受因正当防卫造成伤亡的严重后果。此外，未成年人及其监护人仍需对该未成年人的不法侵害承担侵权损害赔偿责任。那么对于未成年人来说，如果其没有财产，是不是说该未成年人就不需要承担侵权损害赔偿责任了，当然不是的。

首先，未成年人及其监护人均为民事责任主体。根据《民法典》第 1188 条规定，有财产的无民事行为能力人、限制民事行为能力人造成他人损害的，用自己的财产进行赔偿，不足部分由其监护人赔偿。如果未成年人没有财产，则由其监护人承担侵权损害赔偿责任。所以，监护人对未成年人侵权所承担的民事责任是一种补充责任，就是在应承担赔偿责任的责任人的财产不足以赔偿损失时，由其利害关系人依法对不足部分承担补偿的民事责任。因此，如果未成年人有赔偿能力的，由未成年人负赔偿责任；如果未成年人无赔偿能力的，就由其监护人负补充赔偿责任。

其次，未成年人负担的民事侵权责任是无限赔偿责任，未成年侵权人负有用成年后创造的财产承担赔偿的责任。民事侵权责任本身就是一种无限民事赔偿责任，即侵权人要以其全部财产承担赔偿责任。根据《民法典》第1188条规定，监护人尽到监护职责的，可以减轻其侵权责任。随后又规定有财产的未成年人要用其本人财产承担损害赔偿责任。但《民法典》没有规定，减轻尽到监护职责的监护人的侵权责任，那么被侵害人因该未成年人侵权行为未受偿部分由谁来赔偿，这个赔偿责任自然落在了侵权的未成年人本人身上，但该未成年人又没有财产，那么这个问题该如何解决呢？这里就出现了这个问题：未成年人在实施侵权行为时是未成年人，没有财产或者财产不足以赔偿，那么在其成年后能否继续承担赔偿责任。

1988年《最高人民法院关于贯彻执行〈中华人民共和国民法通则〉若干问题的意见(试行)》（以下简称《民通意见》）第161条规定，侵权行为发生时行为人不满18周岁，在诉讼时已满18周岁，并有经济能力的，应当承担民事责任；行为人没有经济能力的，应当由原监护人承担民事责任。根据该规定，未成年侵权人负有用成年后创造的财产承担赔偿的责任。虽然2008年《最高人民法院关于废止2007年底以前发布的有关司法解释（第七批）的决定》废止了《民通意见》第88条、第94条、第115条、第117条、第118条、第177条。但2021年最高人民法院关于印发《全国法院贯彻实施民法典工作会议纪要》明确指出，《民通意见》与《民法典》及有关法律不冲突且在实践中行之有效的规定仍然可以继续沿用。关于《民通意见》第161条的规定，现有法律、法规和司法解释都未对成年后的侵权人能否追加承担侵权赔偿责任作出明确规定,因此,与《民法典》及有关法律不冲突,并且属于实践中行之有效的规定,如2009年的《广东省高级人民法院关于办理执行程序中追加、变更被执行人案件的暂行规定》第2条第1项明确因未成年人侵权引起的民事责任,执行依据将未成年人的监护人确定为执行人的,在该未成年人成年后,可以申请追加其为被执行人。虽然这种做法,存在超越执行权限、剥夺侵权人诉讼抗辩权的嫌疑,但其背后的理念是一致的,即未成年侵权人负有用成年后创造的财产承担侵权赔偿的责任,也契合侵权责任法责任自负的基本理念。此外,《民法典》第191条、第192条关于诉讼时效的规定指出,诉讼时效是义务人对抗权利人的抗辩权,意在督促权利人积极履行权利,而非使权利受侵害的请求权归于消灭。诉讼时效期间届满后,义务人同意履行义务的,不得以诉讼时效期间届满为由抗辩,义务人已经自愿履行的,不得请求返还。从《民法典》关于诉讼时效的立法原理,可以看出,对未成年人侵权行为的损害赔偿请求权,并不会随着时间的推移而消灭。如果未成年人侵权时,其财产和其监护人的财产不足以赔偿被侵权人损失,被侵权人有权在以后任何时间提起诉讼要求该侵权人承担侵权赔偿责任,当然也有权在该侵权人成年后对其提起侵权损害赔偿之诉。

4.2.4 维护学校及教师合法权益

对于未成年人事务治理中,家长管教自己的未成年子女,中小学校的老师管教学生,出现粗暴举动,能不能适用正当防卫制度,法学界及司法实务界多有探讨,很多学者及司法实务工作者也赞同教师管教学生出现粗暴举动不能简单套用正当防卫制度。[①] 当然,不能简单套用,并不是不能适用正当防卫制度。此外,防卫也不是一出手就要使用极端暴力,

---

① 阮齐林:《发挥正当防卫作用、鼓励公民反抗不法侵害》,载《法律适用》2018年第20期。

致对方于死地。正当防卫强调的是不法侵害与防卫程度之间的适度。

4.2.4.1 教师进行教育惩戒时合理运用正当防卫制度保障自身合法权益

之所以在中小学生管理过程中提出正当防卫制度，是因为中小学生正处于体力旺盛阶段，在学校出现暴力攻击等不法侵害行为是不可避免的，这时候学校及教师首先要做的是立即制止不法侵害。此外，中小学校，尤其是中学面对的未成年人群体，并不是很多家长和社会人士主观想象中的处于弱势的未成年人，初高中学校面对的是一群由未成年人组成的社会群体，在这个社会群体中，同样存在成人社会的种种问题。从体力上讲，据中国疾控中心的最新数据显示，截至2012年，我国12周岁儿童平均身高已超1.5米，14周岁儿童平均身高已超1.6米。[①] 2012年至2021年已经过去9年，我国未成年人生活水平相比2012年明显上升，因此，目前我国的未成年男性身高体重与成年男性不相上下，甚至优于成年男性。从体力精力来看，12岁至16岁这一阶段的未成年人正处于体力旺盛阶段，并且容易冲动走极端。所以在中学阶段，教育惩戒实践中，中学生并不一定处于弱势，相反，很多情况下是教师处于弱势。面对一群冲动好武的孩子，实践中只靠讲道理是没办法制止的，使用一定的身体力量去制止不法侵害是不可避免的。这个时候，动武的学生和参与制止武力的教师都难免会出现一定的刮擦伤害，为了避免学生家长以"体罚"来追究学校及教师的责任，不得不运用正当防卫制度维护自己的合法权益。《日本学校教育法》也是明确禁止体罚的，但将学校教育管理中类似于正当防卫、紧急避险、自力救济等正当行为，都是排除在体罚之外的。[②]

---

① 邓希泉：《以身高为依据的儿童票该改改了》，载《光明日报》2018年5月10日。
② 郑超：《教育惩戒与体罚的边界——基于日本经验的比较分析》，载《湖南师范大学教育科学学报》2020年第1期。

正当防卫制度设置了一系列严格的条件，其中防卫的限度和防卫时间是可以由防卫人控制的，如果过限，自然有法律追究其责任。就防卫限度来说，除了严重危及人身安全的行为外，对于其他行为需要注意防卫时进行击打的部位，头部、胸腹部、腰部都有重要脏器官是不能击打的部位，胳膊是控制其行为首先要考虑的部位，其次是臀部和腿。就防卫时间来说，只有在不法侵害正在发生并且尚未结束的时候，进行防卫，才符合正当防卫的时间条件。

首先，正当防卫在中小学生管理过程中适用的条件。对于中小学生的侵权性问题行为和妨碍秩序性问题行为，其中有涉及对国家、公共利益、本人或者他人人身财产等合法权益不法侵害的行为，根据《刑法》《民法典》的规定，被侵害人及其他人是有进行正当防卫的余地的。比如，打架斗殴中如果先挑事，争执起来又率先动手暴力攻击，就应当认定为不法侵害，可以对其实施防卫。① 又如，侵权性问题行为中的暴力攻击行为，无论是被暴力攻击的人，还是其他看到该暴力攻击行为发生的学校教师、学生，都可以针对暴力攻击人实施正当防卫。再如，妨碍秩序性问题行为中的结伙斗殴、追逐拦截辱骂他人、强拿硬要或任意损毁公私财物、任意占用公私财物等寻衅滋事行为，聚众观看淫秽、色情、暴力、恐怖、极端等内容的读物、音像制品或者网络信息视频甚至进行淫秽表演等行为，校园内贩毒、吸毒、赌博等行为，因为这些行为具有严重社会危害性，是对国家利益、公共利益、个人利益的不法侵害行为，也有正当防卫的适用余地。根据《刑法》第 20 条和《民法典》第 181 条的规定，因正当防卫造成损害，不负刑事责任，也不负民事责任。

正当防卫制度并不排除对未成年人不法侵害的防卫。2020 年最高人民法院、最高人民检察院、公安部发布的《关于依法适用正当防卫制度的指导意见》明确了对未成年人的不法侵害可以实施防卫，只是应当尽

---

① 阮齐林：《发挥正当防卫作用、鼓励公民反抗不法侵害》，载《法律适用》2018 年第 20 期。

量使用其他方式避免或制止侵害,如果没有其他方式可以避免、制止不法侵害的或者不法侵害严重危及人身安全的,可以进行反击。根据《民法典》第1201条规定,中小学生在学校受到学校以外的第三人侵害,虽然由第三人承担侵权责任,但学校要承担未尽到管理职责的补充责任。如果校园内发生校园欺凌、校园暴力,或上述《预防未成年人犯罪法》规定的严重不良行为,而学校不及时采取措施予以制止,仅仅是报警或者等不法侵害结束以后再研究如何采取教育惩戒或纪律处分,也是未尽到管理职责的一种表现,因为不法侵害已经完成,侵害结果已经造成,无法弥补。面对这样的两难抉择,学校及教师为保障尽到管理职责不被追责又担心背上体罚的恶名,就需要运用正当防卫制度来维护自己的权利。

其次,适用正当防卫制度时要将中学生和小学生区别对待。相对于中学生,小学生的自制力普遍差一些,并且身体力量远没有中学生强。因此,对于小学生的暴力攻击行为,以及妨碍秩序性问题行为,客观上没有采取正当防卫的必要性和紧迫性,采取其他方式避免或制止不法侵害即可。当然,也不排除面对身高、体型和成年人相当的小学高年级学生的暴力攻击行为进行反击的情况,这种情况,学校及教师当然也可以运用正当防卫制度维护自身权利。但对其他问题行为,学校及教师可以从儿童的天性出发,寻找针对性措施。

好奇心强、自制力差、可塑性大是儿童的天性,它对儿童行为的产生发挥着自发性作用。① 小学生对于自己实施的问题行为,绝大多数是基于尝试、好奇或仅仅是缺乏自制力,若从其心理出发,可能是由于饥饿、好动、想家、被冷落、缺乏玩伴、心爱的东西被人抢等。因此,对于小学生的问题行为,老师们首先要做的是询问或谈心找出原因,通过言语疏导、鼓励其赔礼道歉、遵照老师要求去做奖励小红花等方式,就可以解决。采取教育惩戒时,可以考虑将消极的批评教育等惩戒方式通过积

---

① [法]卢梭:《爱弥儿》(上卷),李平沤译,商务印书馆1978年版,第9页。

极鼓励的语言来实施。

4.2.4.2 学校及教师在教育惩戒纠纷中运用法律手段积极主张自身合法权益

教育惩戒纠纷一旦出现，社会舆论往往站在学生一方，先入为主地认为是教师滥用惩戒"体罚"学生。学校、教育行政部门又迫于家长的压力、社会舆论的压力，对于事实的调查也会侧重于教师是否"体罚"学生，是否有违师德，而对于学生受罚的行为疏于调查，或者迫于压力不予深究。这种处理方式既不利于保障未成年人合法权益，也不利于保障学校及教师的合法权益。此外，还会助长有问题行为的学生的不良倾向、报复心理，短期的影响是不利于学校正常管理学生，长期来看，也不利于该学生的健康成长。因为该学生还是会长大成人走向社会的，如果其肆意侵犯他人合法权益、扰乱社会秩序的行为，在学校内没有受到处罚，反而因该学生故意放大教师动武行为，而使想管教他的教师受处罚，那么会对该学生的心理健康成长造成负面影响，使其更加以自我为中心，更加难以管教。该学生在长大成人走入社会后，如果仍然肆意妄为，侵犯他人合法权益、扰乱社会秩序的话，就要面临行政处罚、甚至刑罚这样严厉的法律制裁了。最终还是害了该学生。因此，面对中小学教育惩戒纠纷，要贯彻法治思维，分清是非对错，依法处罚，依法维护学生及教师的合法权益。

首先，从学校层面，出现"体罚"案件，需要做的是报警，交给公安机关调查。因为如果教师是故意伤害学生身体，是涉嫌故意伤害他人身体的犯罪行为或者是需受治安管理处罚的行为，而不是简单的师德问题。如果经公安机关调查仅仅是轻微伤，甚至没有伤，并且学生有暴力攻击行为或者侮辱打骂老师的行为，学校也需要依据证据维护教师权益。从目前媒体曝光的教师"体罚"的案例来看，一个普遍特征是对教师"体罚"学生报道详尽，却对教师为何"体罚"学生不予报道或者一笔带过。

比如，贵州省余庆县教育局2020年12月3日通报的"贵州一中学5教师体罚学生调查处理情况通报"一案，对教师惩戒的方式进行了详细描述和否定，对被惩戒的行为却一笔带过，该案中学生发布"与学生身份不相符的视频和不当言论"才是案件的关键。如果在网络上发布不当言论和视频，就可能涉嫌扰乱社会秩序的违法犯罪行为，网络空间也是社会公共秩序空间，并不是不法之地。此外，在当代地球村的全球背景下，全球网络空间是建立在计算机、互联网基础上的连接世界各地的全球统一社会。网络空间犯罪的社会危害性远远大于传统犯罪。[①] 尊重网络空间秩序的法治观念必须从小培养。因此，该案的通报属于"事实不清"的案件，需交由公安机关调查，如果教师真正出于恶意殴打学生，应该涉嫌故意伤害他人身体的违法犯罪行为，上述通报无法保护学生合法权益；如果学生发布不当视频和不当言论就涉嫌扰乱社会秩序的违法犯罪行为，上述通报无视教师的合法权益，只会助长学生扰乱网络空间秩序的决心和意志，令真正想管理教育学生走上正路的教师寒心。此外，对中小学生的一些侵权性、妨碍秩序性问题行为不予管理，听之任之，最终会害了这些学生，并且贻害社会。因此，该案的处理方式，既无法保护学生合法权益，也无法保护教师合法权益。

再比如，《河北青年报》2020年6月22日报道的"四川射洪一男老师课堂上体罚学生被停职，班里学生道出缘由"一案。该案的起因是被老师打骂的学生当众给老师起外号，还在教学楼大喊老师的名字和外号。给他人起外号已经涉及对他人人格尊严的侮辱。侮辱性言论犯罪也是犯罪的重要类型，[②]《刑法》第246条界定了侮辱罪的罪状，即以暴力或者其他方法公然侮辱他人的行为。《民法典》人格权编和侵权责任编规定了侮辱他人人格、名誉要承担侵权损害赔偿责任。因此，对于侮辱行为、

[①] 皮勇：《论中国网络空间犯罪立法的本土化与国际化》，载《比较法研究》2020年第1期。

[②] 蔡荣：《"网络语言暴力"入刑正当性及教义学分析》，载《西南政法大学学报》2018年第2期。

诽谤行为这一侵害名誉类行为，有从违法行为到犯罪行为的一整套惩罚体系。① 正当防卫制度中的不法侵害，不仅包括积极作为形式的不法侵害，也包括消极的不作为形式的不法侵害，如单纯的不履行民事债务。② 不法侵害不仅仅局限于带有身体力量的暴力攻击行为。因此，侮辱行为当然属于不法侵害。而根据《刑法》关于正当防卫制度的规定，不法侵害并不仅局限于犯罪行为，也包括违法行为。③"侵害行为必须是违法的，但未必是可罚的。客观上违反法秩序的侵害均是违法的。"④ 未成年人实施了某一违法行为，是因为其不到责任年龄，国家不予处罚，但并不是说未成年人实施的这一行为就不是违法行为了，因此，对于被这一违法行为侵害的人当然可以运用正当防卫制度捍卫自己的权利。本案中，被起外号侮辱的老师愤而反击是情有可原的，只是反击的方式也涉嫌违法行为了。因此，在这起案件中，打骂学生的教师应该受处罚，但给老师起外号的学生同样也要受处罚。

其次，从教师层面，教师要学会运用法律手段维护自己的合法权益，对于学生肆意侵犯自己或者他人合法权益的行为不能听之任之。当教师在运用正当防卫制度维护自身合法权益时，要注意不能侵犯学生的合法权益，如在一些特定场合，教师被激怒不得不使用一定的身体力量时，要注意击打部位，掌掴、脚踹都属于过当行为，而控制学生的胳膊，进而是腿，则是恰当的防卫行为，同时不能因为学生辱骂老师，老师也因此辱骂学生。此外，要注意收集保存证据，告知围观学生为自己作证，要在有摄像头的地方进行。事后积极向校方提供证据，可以聘请律师来维护自己的合法权益。

---

① 张梓弦:《民法典编纂对侵害名誉类犯罪的教义学启示》，载《现代法学》2020年第4期。
② 王钢:《论正当防卫中不作为的不法侵害》，载《法学》2020年第2期。
③ 司伟攀:《正当防卫认定有关问题探究——以最高检"第十二批指导性案例"为例》，载《法律适用》2019年第10期。
④ ［德］汉斯·海因里希·耶塞克、托马斯·魏根特:《德国刑法教科书》（上），许久生译，中国法制出版社2017年版，第456页。

为了维护未成年人、教师、学校各方的合法权益，在中小学教育惩戒实践中，有必要列出具体的行为指引，明确学生哪些问题行为可以动用体力消耗型的惩戒措施，哪些学生的问题行为是不能动用体力消耗型的惩戒措施。同时还需要加强中小学及教师的教育惩戒相关法治培训，帮助其区分体罚与正当行为，合理合法地运用正当防卫制度维护自身合法权益，运用法治思维处理教育惩戒纠纷。

4.3　教育惩戒体系中纪律处分的规范化

目前我国的中小学教育管理中面临一系列棘手的问题，比如，未成年人之间的校园欺凌案件、未成年人偷盗问题甚至未成年学生侮辱殴打教师的事件。这些事件在处理时，面临重重困难。首先，低龄未成年人在法律上属于无行为能力人或限制行为能力人，对于民事赔偿，自身没有财产，对于触犯刑事法律的行为，又不承担刑事责任或者只承担故意杀人、故意伤害致人死亡等有限的几个罪名的刑事责任；其次，学校既有的纪律处分措施，实践中不能发挥有效的作用，而勒令退学和开除学籍的纪律处分措施是不能适用于义务教育阶段的学生，并且学生的日常违纪行为轻微、琐碎，也无法动用纪律处分；最后，自20世纪以来，儿童独立法律地位的确立，儿童权利保护意识的加强，赏识教育的提倡，体罚的禁止，尤其是近年来，家校纠纷的频发，儿童和家长维权意识的增强，目前在中小学教育实践中，普遍存在教师权威式微，教师"不敢惩戒"和"不会惩戒"的问题，这些现象都需要立法规范。[①]

4.3.1　教育惩戒的实践焦虑：惩戒与体罚的区分

教育惩戒实践中面临的最大的问题就是区分惩戒与体罚，将不合理

---

① 湛中乐、康骁:《教育惩戒规章的合法性分析》，载《复旦教育论坛》2020年第3期。

的惩罚措施剔除出去。

第一，明确教育惩罚是教育管理中的一种必要手段。教育行为中惩罚的存在是必要的。有过必有罚，这不只是刑罚的基本原理，也是人类社会的基本规则，对于未成年人也不例外，所以在中小学教育里，教育惩罚也是必不可少的。比如，顾明远的《教育大辞典》界定教育惩罚为对个体或集体的不良行为给予否定或批评处分，与奖励相对。学校需使用惩罚来维护规范的严肃性，保证教育工作有序运行。[①] 有学者直接肯定适当体罚的教育意义，批判体罚中存在的抽象的人道主义错误认识。[②] 教师对学生具有惩罚权是自古以来的传统，从《教师法》第7条和第8条以及《教育法》第44条都可以推导出中小学教师可以对违纪违规的中小学生实施惩罚，父母、教师和学校都有权利和义务保证中小学生履行受教育的义务、遵守学生守则、尊敬师长、遵守学校管理规定，否则要承担法律责任。国家既然为父母、教师和学校创设了上述权利和义务，也就意味着国家消除了对中小学生不履行相应义务的国家制裁，而国家制裁退居幕后，就表明立法者需要容忍父母、教师和学校对违反上述法律规定义务的中小学生的制裁，否则，父母、教师和学校将无法承受国家转嫁给他们的责任。这里的父母的制裁权表现为亲权中的制裁权，教师的制裁权表现为教育惩戒权，学校的制裁权主要表现为学校的处分权。[③] 因此，不是国家不允许惩罚未成年人的不良行为，而是国家将这个惩罚的权力转嫁给了父母、教师和学校。

第二，区分惩罚、惩戒与体罚，明确惩戒是教师的基本权利和职责，剔除不合理的惩戒方式。教师惩戒权要"去敏感化"，区分惩罚、惩戒、体罚，不能将惩罚、惩戒等同于体罚。教育惩罚虽然是客观存在的，但只是教育的一种手段，而惩戒则是通过惩罚达成教育学生，使学生发展

---

① 傅维利:《论教育中的惩罚》，载《教育研究》2007年第10期。
② 檀传宝:《论惩罚的教育意义及其实现》，载《中国教育学刊》2004年第2期。
③ 湛中乐、康骁:《教育惩戒规章的合法性分析》，载《复旦教育论坛》2020年第3期。

和进步的目的,实现学生更好地社会化这一最终目标。因此,惩戒包含有明确的教育性目的,是教师对学生进行管理教育必不可少的方法。不能将惩戒等同于体罚,体罚具有肆意打骂、伤害和虐待的特征,而惩戒则没有。① 教师惩戒权既是教师依法行使的权利,也是教师的一种权力。权利表明教师在教育教学过程中享有的各项权利,而权力则侧重于教师根据自己的工作岗位履行教书育人的基本职责。强调教育惩戒既是教师的权利,也是教师的权力,明确了教育惩戒的主体是教师,更进一步强化了教育惩戒的必要性,教育惩戒不能随意放弃,更不能随意转移给学生或家长行使。② 教育惩戒权的性质统一于教师职权,明确惩戒是教师作为专业人员获得的授权,更有利于惩戒权的实践。③

教育惩戒是教师的职权本身没有问题,问题在于探讨哪些惩戒方式应当被禁止,哪些惩戒方式应当被允许及其实践规则是什么。如有学者提出无论古今中外,体罚都曾经是或仍然是一种惩戒形式,体罚和变相体罚只是惩戒的下位概念,因此,教育惩戒立法需要着眼于讨论和研究哪些惩戒方式应当被禁止,哪些惩戒方式应该被允许。④

除此之外,教育惩戒不仅要明确具体方式,还要确定具体限度。比如,教育惩戒的缘由要限于违反最小化秩序的纪律规范行为,形式限度要推行符合教育目的和教育规律的诫勉、权利取消、做公共服务、纪律处分、口头或书面检讨等教育惩戒形式。程度限度要求教育惩戒要有数量上的度。⑤

---

① 劳凯声:《变革社会中的教育权与受教育权:教育法学基本问题研究》,教育科学出版社 2003 年版,第 376~377 页。
② 蔡文枝、解立军:《教师惩戒权不得随意放弃和转移》,载《教学与管理》2012 年第 29 期。
③ 周洪宇、方皛:《教育惩戒的实践困惑与理论研究》,载《新疆师范大学学报(哲学社会科学版)》2021 年第 1 期。
④ 申素平:《教育惩戒立法研究》,载《中国教育学刊》2020 年第 3 期。
⑤ 马焕灵、曹丽萍:《论教育惩戒的限度》,载《湖南师范大学教育科学学报》2020 年第 4 期。

另外教育惩戒的具体措施还要关注学生心理，从心理学视野关注惩戒教育制度的建设及惩戒教育的具体措施。① 教育惩戒实践更要关注教育惩戒行使条件、行使程序以及学生权利救济等方面学生权益的保护。②

4.3.2 教育惩戒面临的新问题：纪律处分适用的扩大化与教育惩戒的纪律处分化

正是强调体罚与惩戒的区分，教育部于 2020 年年底颁布《中小学教育惩戒规则（试行）》，以部门规章的形式全面规定了教育惩戒，构建了一套完整的教育惩戒体系，这在我国立法史上还是第一次。

《中小学教育惩戒规则（试行）》第 10 条、第 14 条也对纪律处分作了规定，对于违规违纪情节严重，或者经多次教育惩戒仍不改正的学生，学校可以给予纪律处分。学生如果诚恳认错、积极改正的，可以提前解除教育惩戒或纪律处分。但对于纪律处分如何适用，违纪违规达到何种程度可以适用纪律处分，违纪违规情节严重是适用较重的教育惩戒措施还是纪律处分，这里的"情节严重"程度该如何区分？经多次教育惩戒仍不改正的学生，学校可以适用纪律处分，这里的"多次"又该如何操作？纪律处分和教育惩戒措施是择一适用还是可以合并适用？教育惩戒或纪律处分可以提前解除该如何具体操作？此外，第 10 条规定了停课、停学，安排专门课程或教育场所或送入专门学校等替代教育措施，其中规定停课或者停学每次不超过一周。这几项惩戒措施，属于事后处分，更类似于纪律处分。第 10 条还规定，对于违纪违规情节严重，或者经多次教育惩戒仍不改正的学生，学校可以给予适当的纪律处分。实际上是进一步扩大了纪律处分适用的范围。

---

① 蒋一之等：《惩戒教育的理论与实践》，浙江大学出版社 2016 年版，第 16~20 页。
② 方益权、易招娣：《论我国教师个体惩戒权法律制度的构建》，载《教育研究》2011 年第 11 期。

为了避免被扣上体罚的帽子，教育惩戒措施有必要进行全面系统的规定。但纪律处分对未成年学生惩罚的严厉性不亚于教育惩戒，甚至不亚于体罚，各地中小学因为受纪律处分引发学生自杀的事件也时有发生，更何况纪律处分还会被记入学生的学生档案，学生档案是该学生未来的人事档案的重要组成部分，所以纪律处分不仅仅是惩罚，还会给未成年学生留下人生污点。

毫无疑问，在目前的中小学教育惩戒体系中，纪律处分占据着重要的地位，在中小学各类问题行为治理中，发挥着举足轻重的作用，因此，对于纪律处分的规范，也需要提上日程。

从目前的法律规定来看，仅有《教育法》《义务教育法》规定对学生可以进行处分，其中，《义务教育法》还特别规定对于义务教育阶段的学生不得开除学籍，其余就是各地方中小学学籍管理办法或者中小学处分办法中对纪律处分的规定。《教育法》《义务教育法》有关纪律处分的规定简单笼统不具有可操作性，而各地方与纪律处分相关的规范性文件内容不统一，并且存在与上位法相抵触的地方，有必要进行统一规范。最便利的方法莫过于在《中小学教育惩戒规则(试行)》中作出统一细化的规定。

4.3.3 教育惩戒措施的体系化：纪律处分的适用与规范

纪律处分的适用之所以在中小学校存在失灵现象，主要问题源于未成年人对于遭受身体痛苦之外的处罚措施的感受远远没有成年人直接，而纪律处分主要针对的是学生的名誉。对于在乎名誉的中小学生可能会起到极大的作用，甚至有的中小学生因为接受不了学校纪律处分而自杀，但对于不在乎名誉的中小学生，纪律处分起不到丝毫作用。

鉴于纪律处分关乎未成年人名誉、受教育权等基本权利，并且纪律处分记入学生档案更是影响未成年人未来的人生道路，所以在教育惩戒体系中，纪律处分也需要慎重适用和统一规范。

第一，明确教育惩戒附加纪律处分的条件。《中小学教育惩戒规则（试行）》规定对于严重违规违纪，以及多次教育惩戒仍不改正的，可以给予纪律处分，但没有进一步详细的规定。对于违纪违规严重到何种程度需要动用纪律处分，纪律处分和教育惩戒是合并适用，还是择一适用，多次教育惩戒仍不改正，这里的多次如何操作？对这些问题还需要进一步详细规定。从教育惩戒规则的立法意图来看，应该是这样设计的：先运用惩戒，惩戒达到预想效果的，就不再处分；如果对学生进行了多次惩戒，仍然起不到任何效果，再加以纪律处分；对于特别严重的情节如《预防未成年人犯罪法》规定的9种严重不良行为则直接适用纪律处分。因此，对于纪律处分和教育惩戒如何合并适用，需要有具体的操作规则，以免纪律处分措施的滥用。对于违纪违规情节严重，可以参照《预防未成年人犯罪法》中的9种严重不良行为，对于多次教育惩戒仍不改正的"多次"可以参照刑事法律相关司法解释，一般三次及以上为多次。

第二，统一规范教育惩戒措施和纪律处分。目前除了《中小学教育惩戒规则（试行）》涉及中小学生纪律处分外，其余关于中小学生纪律处分的条款散见于《教育法》《义务教育法》《预防未成年人犯罪法》等法律中，并且规定得简单笼统，没有具体可操作的内容。关于中小学生纪律处分的具体规范由各地教育行政部门制定的中小学生处分办法、中小学学籍管理办法等规范性文件规定以及各地方中小学校自行制定。但这样的立法方式存在明显不足。

一是目前各地中小学生处分办法同《预防未成年人犯罪法》《行政处罚法》等法律的规定存在相冲突的地方，需要同步更新。比如，2020年年底修订的《预防未成年人犯罪法》删除了对未成年人犯有严重不良行为进行治安管理处罚的规定，规定了对有严重不良行为的未成年人，公安机关根据情况采取矫治教育措施，或者送入专门学校接受专门矫治教育。但各地中小学生处分办法并没有及时进行修改。比如，2018年颁布的《北京市中小学学生奖励和处分办法》第18条规定，高中学生可以给予开除学籍处分的几种情形，其中第2项是违反治安管理规定受到处罚，性质恶劣的；第 3 项是犯有《预防未成年人犯罪法》所列 9 种严重不良行为的。根据新修订的《预防未成年人犯罪法》规定，公安机关对于犯有严重不良行为的中小学生不再实施治安管理处罚，而《北京市中小学生奖励和处分办法》仍然存在对高中阶段受到治安管理处罚的学生和犯有 9 种严重不良行为的学生给予开除学籍的纪律处分的规定，这里的治安管理处罚就显得没有实际效用了，根据下位法不得与上位法相冲突的原则，需要作出适当修改。列举这一规范性文件之间的法律冲突，是为了强调对于各地的中小学生处分办法中的处分措施要引起高度重视。纪律处分直接关系到未成年人的受教育权，实际上也关系到未成年人将来要走什么样的人生道路，所以，对于未成年人来说，纪律处分具有相当的严厉性。

　　二是各地方的中小学生处分办法的立法精神与《未成年人保护法》等相关法律的立法精神相冲突。无论是《未成年人保护法》，还是《预防未成年人犯罪法》，都强调对未成年人进行特殊保护，教育和保护相结合，对不良行为以预防为主，提前干预。其中，2020 年修订的《预防未成年人犯罪法》更是细化了学校对有不良行为学生有权采取的管理教育措施，要求学校和家庭建立家校合作机制，以及公安机关对有严重不良行为的中小学生可以采取矫治教育措施，并明确规定了对未成年人接受专门矫治教育、专门教育的记录，被行政处罚、采取强制措施和不起诉的记录，以及犯罪记录依职权予以封存。其目的再明显不过，是矫治中小学生的不良行为，教育未成年学生，使其戒除不良行为，引导其步入正途，而不是一票否决，否定其本人。

　　但各地方颁布的中小学生处分办法，只明确规定了纪律处分，以及纪律处分需要记入学生档案，对于教育引导以及提前干预方面没有具体可操作的规定。比如，接受纪律处分后学生的教育矫治并没有细化。对于撤销纪律处分规定了严苛的条件，有的处分办法规定了需要受处分的学生本人提出申请，有的仅仅规定可以撤销处分，但没有规定如何撤销。仅就需要受处分的学生本人提出申请这一规定来说，对于社会经验不足的中小学生来说，等于一纸空文，很多中小学生对于纪律处分的严重后果，尚不能够完全了解，又怎么能指望他主动去申请撤销对自己的处分呢？

对于勒令退学和开除学籍这一纪律处分，虽然只针对高中阶段学生，但是目前的问题是，各地方颁布的中小学生处分办法都规定，勒令退学和开除学籍的纪律处分是要记入学生档案的，但是在学生退学之后，没有任何部门负责对这一不良记录的撤销，换句话说，这一不良记录客观上成了永久的不可撤销的记录。而高中阶段学生正处在叛逆期阶段，他们正处在人生的岔路口，如果能严加管教，是能够避免走上违法犯罪的道路的，但是被学校开除，以及无法撤销的不良记录恰恰可能成为他们成长道路上的障碍。还有一个客观现象使得这些被开除学籍但没有违法犯罪行为的高中生，处在各种未成年人保护措施之外，因为违法犯罪的未成年人可以在少年司法领域获得特殊保护，比如违法犯罪的不良记录会被封存，还有各种教育矫治措施，而这些被开除学籍却没有违法犯罪的未成年学生却无法享受到少年司法领域的各种保护，从而产生极大的不公，也使得这部分未成年人成为潜在的社会不安定因素。

三是需要制定全国统一的中小学生纪律处分规范性文件，纳入教育惩戒规则体系中来。正是因为纪律处分措施在中小学生管理中无法发挥有效作用，才有了教育惩戒措施的引入。教育惩戒措施更多的是具体管理教育行为的介入，而不仅仅是一纸处罚文书，这对于加强中小学生管理教育是有巨大指导意义的。《中小学教育惩戒规则（试行）》第10条、第14条规定，对严重惩戒措施可以附加纪律处分。教育惩戒和纪律处分可以提前解除。这一规定对于全国各地的中小学生处分规范性文件具有指导意义。首先，提供了一个全国统一的关于中小学生教育惩戒和纪律处分结合适用的规范性文件；其次，明确了教育惩戒措施和纪律处分都可以提前解除。但不足之处在于，对于提前解除的具体含义没有明示，提前解除仅仅是指解除惩戒措施或者纪律处分这种状态，还是也包括撤销记载处分的文书、消除学生不良行为的相关记录，这些关键问题并没有明示。此外，既然已经存在一个关于中小学生惩戒和处分的全国性规范性文件了，也需要在这样一个全国性规范性文件中，详细规定纪律处分的产生和消灭过程，将纪律处分切实纳入教育惩戒规则体系中去，实际发挥作用。

总而言之，统一的教育惩戒和纪律处分规范性文件需要贯彻《未成年人保护法》《预防未成年人犯罪法》等相关法律的立法精神，不能通过惩戒和处分，对未成年人一票否决，惩戒和纪律处分侧重的应该是纠正未成年学生的行为，而非否定未成年学生本人。因此，消除未成年学生的不良行为记录就显得尤为重要。

第三，建立未成年人惩戒和处分等不良记录依职权封存制度。教育惩戒最终追求的应当是未成年学生改正各种不良行为，步入正途。所以对于因惩戒和处分留下的不良记录，学校有必要也有责任进行处理。未成年人尚处于心智不成熟、缺乏社会经验的阶段，让他们在成人以后还要承担因未成年时期的幼稚、冲动、无知而犯下的错误产生的苦果，显然是不公平的。因此，教育惩戒也负担有给未成年人一个清白的历史的责任，为他们顺利踏入社会铺平道路。

一是需要明示教育惩戒是否记入学生档案，纪律处分需要建立依职权撤销机制。首先，《中小学教育惩戒规则(试行)》中没有明示教育惩戒记录是否记入学生档案，这始终是一个法律漏洞，需要进行完善。其次，虽然《中小学教育惩戒规则(试行)》没有规定教育惩戒是否记入学生档案，但是从各地中小学生处分办法来看，纪律处分是会记入学生档案的，而学生档案是未成年学生未来人事档案的重要组成部分，所以记入学生档案的纪律处分无疑会给学生带来人生污点，对以后的人生道路产生重要的影响。所以对于记入档案的纪律处分应建立不良记录封存制度，使犯错的未成年学生有改过自新的机会。具体可参照2019年青岛市颁布的《青岛市中小学生处分规定》第15条的规定，撤销纪律处分的，应将处分决定取出，存入学校的文书档案。这样一方面便于学校管理，避免将来因该纪律处分发生争议，学校找不到原始档案材料；另一方面也不会给未成年学生的人事档案留下污点。最后，不良记录封存需要学校专职人员主动依职权进行，而不是被动地根据未成年人本人申请进行。虽然《中小学教育惩戒规则（试行）》规定教育惩戒和纪律处分可以提前解除，各地颁布的中小学生处分办法也规定纪律处分可以撤销。但并没有一个系统成熟的撤销纪律处分的做法，有的处分办法规定由中小学生本人提出申请，有的甚至没有规定该如何撤销，这无疑为撤销纪律处分增加了难度，再加上中小学生本身对纪律处分无法充分理解、社会经验少，实践中会导致撤销纪律处分的规定成为一纸空文。因此，需要建立纪律处分由学校专职人员主动依职权进行撤销的机制。

二是中小学校的纪律处分入档制度与未成年人犯罪记录封存制度相抵触。虽然我国 2012 年修正的《刑事诉讼法》第 275 条明确建立了未成年人犯罪记录依职权封存制度；2020 年新修订的《预防未成年人犯罪法》将封存记录扩展为各类违法犯罪记录。但未成年人相应的学生档案中被纪律处分及其被纪律处分的理由仍然会记载未成年人因什么事由被处分及处分事由的基本情节这样的字样，[①] 并且该档案是不会被封存的，所以在未成年人以后的升学、就业、入伍等面临的政审环节中，仍然面临被歧视的命运。如《北京市中小学学生奖励和处分办法》第 18 条规定，高中学生，构成刑事犯罪的，违反治安管理规定受到处罚性质恶劣的等，给予开除学籍处分；第 19 条规定，记过、留校察看、开除学籍处分记入学生档案。因此，对于未成年人的违法犯罪事实，其所在学校也会作出相应处理，而这些处理，对于义务教育阶段学生可能涉及"记过"或"留校察看"的处分；对于高中阶段学生，可能涉及"开除学籍"的处分。这些处分决定及处分事由是要记入学生档案的，这一档案在未成年人成年之后成为他的人事档案，里面全面记载了学习、有无受到处罚、

[①] 劳凯声、郑新蓉：《规矩与方圆：教育管理与法律》，中国铁道出版社 1997 年版，第 332 页。

各种社会关系等,违法犯罪记录、不良行为记录的污点仍然存在。①

综上,中小学校纪律处分入档制度直接抵消了未成年人犯罪记录封存制度所做的努力,并且会给未成年学生以后的人生道路留下污点。因此,对于中小学惩戒和处分所留下的不良记录,有必要启动由专职人员实施的依职权删除未成年学生不良记录的工作,作为教育惩戒实施效果的必要考察项。

教育惩戒和纪律处分都属于对学生的惩戒措施,但纪律处分作为事后性处分行为,对于身心发育尚未成熟,本身需要接受教育才能具备足够的知识和智力去理解人类社会基本规则的儿童来讲,所起到的效果并不理想。从学者对惩戒的界定也可以看出,惩戒强调的是"诫勉",强调的是使学生改掉不良行为。所以,教育惩戒的核心应该是对未成年学生的不良行为的否定,而不是对未成年学生本人的否定。

---

① 孙倩、金钊:《中小学校教育惩戒与纪律处分之融合》,载《当代教育科学》2021年第1期。

第 5 章 教育惩戒行为实施的基本原则和程序

2020年年底教育部颁布的《中小学教育惩戒规则(试行)》虽然规定实施教育惩戒应遵循法治原则，程序正当、客观公正，但没有规定实施教育惩戒应遵循哪些具体程序，使得中小学教师在实施教育惩戒时，没有具体规则。一方面容易侵犯学生权益；另一方面在出现教育惩戒相关纠纷时，中小学教师也无法进行自我保护。所以中小学教育惩戒行为的实施务必要遵循一定的程序，也就是履行必要的手续。这就是正当程序原则的内在之义。正当程序原则源于英国的"自然正义"，并伴随着《美国宪法修正案》的"正当程序条款""禁止各州未经正当程序剥夺任何人的生命、自由或财产"，确立了其宪法基本原则的地位，并获得各国法律的普遍认同。我国《宪法》第37条规定，任何公民，非经人民检察院批准或者决定或者人民法院决定，并由公安机关执行，不受逮捕。禁止非法拘禁和以其他方法非法剥夺或者限制公民的人身自由，禁止非法搜查公民身体。我国《刑事诉讼法》第12条规定，未经人民法院依法判决，对任何人都不得确定有罪。这些都是正当程序原则的体现。

正当程序并不等同于法定程序，正当程序更偏重价值和内涵要素。广义上说，正当程序是基于自然法上的自然正义而产生，用来检验、衡量法定程序是否合法，同时，当行政行为没有明确法律程序规定时，可作为补充性法律渊源起到规范作用，正当程序与法定程序是应然与实然的关系。狭义上的正当程序原则，即确立宪法位阶并获得各国宪法认同的正当程序条款，强调通过争议双方的对立和交涉来实现某种反思性整合的制度构建。① 根据《布莱克法律辞典》的解释,正当程序的核心含义是任何权益受到裁判结果影响的当事人,都享有被告知和陈述自己意见并获得听审的权利。② 因此,正当程序原则要求"被告知""陈述和申辩""听审"三个核心要素。

中小学教育惩戒权要遵循正当程序原则,就是要贯彻基本的自然正义理念,使被惩戒的中小学生正确理解惩戒和自己问题行为的关联,充分地陈述自己是否实施了该问题行为、是否有过错及其辩解理由,充分参与到对自己的问题行为裁断的过程中具体地感受正义、公平等基本法理念,在中小学生心中树立朴素的正义观。

5.1 保障未成年人权益原则

在教育惩戒的具体适用过程中一个最关键的问题就是要判断惩戒的正当性与否,而惩戒正当性与否的争议点集中在惩戒与体罚的区分上,所以在教育惩戒中贯彻正当程序原则,根本目的是防止体罚,防止惩戒滥用转变为体罚。

保障未成年人权益原则,最核心的内容是实现未成年人利益的最大化。在教育惩戒领域保障未成年人权益,具体体现为任何惩戒措施的实施都是为实现儿童身心健康成长,都要以保障学生利益为主观目的。如厚生劳动省曾经在 1998 年发布《日本禁止滥用与惩戒相关权限》通知,该通知规定,该权限乃是以儿童身心健康的育成为目的所设置。惩戒的方法与程度如果超过了为达成此目的所必要范围的场合,即属于惩戒权的滥用。③

强调惩戒主观目的是保障学生利益,主要是为了否定实施惩戒者主

---

① 蒋红珍:《正当程序原则司法适用的正当性:回归规范立场》,载《中国法学》2019 年第 3 期。

② Checkbacks, Black's Law Dictionary, West Publishing Co., 1979, p. 1083.

③ 郑超:《教育惩戒与体罚的边界——基于日本经验的比较分析》,载《湖南师范大学教育科学学报》2020 年第 1 期。

观上基于报复心理、泄私愤等非教育目的而对学生实施的"惩戒"。如果实施惩戒者纯粹是为了打击报复学生而实施惩戒,无论惩戒表现形式是否合法,实际都是对惩戒权的滥用,因此都属于违法的。

首先,在教育惩戒中保障未成年人权益体现为要尊重学生人格尊严,不能伤害学生自尊心和身体健康,即实施惩戒者要将学生作为一个值得尊重的人来对待。比如,掌掴学生、脚踹学生,甚至是当众掌掴学生、脚踹学生等都属于不尊重学生人格尊严的行为,也是伤害学生身心健康成长的行为。

其次,对于具有不适当惩戒特征的教育惩戒不能直接予以否定,要判断实施惩戒的主体是否有主观过错。因为作为惩戒的实施者,学校或者教师并不能做到全知全能,并且学校或者教师也不是专业的执法者、司法者,他们对事实的调查和判断可能存在出入,甚至是错误的。因此而出现的惩戒不当,应该如何判断惩戒实施者的责任,这就要考察惩戒实施者是否存在主观过错,就是从主观层面去考察出现这种惩戒不当是否可以归责于施加惩戒的学校或者教师。如果是惩戒实施者故意为之,那么就应当承担故意责任。如果惩戒不当是出于可以避免的过失,那么对于惩戒实施者就应当承担过失责任,而不能将故意责任强加给惩戒实施者。主观过错中的过失,还包括两个程度,疏忽大意的过失和过于自信的过失。如果实施惩戒者是因为自己疏忽大意而对于事实疏于调查或者调查疏漏而导致惩戒失当,那么要承担疏忽大意的过失责任,比如2018年教育部发布《关于做好预防中小学生沉迷网络教育引导工作的紧急通知》后,有的学校规定禁止学生带智能手机到学校,有些教师发现学生违规带智能手机的,采取比较简单粗暴的当众强制罚没手段,导致有的学生因此跳楼自杀,这种情况下的惩戒不当,就属于疏忽大意的过失。如果惩戒实施者完全是出于自己对被惩戒的学生了解的过分自信,简单调查就作出判断,比如某学生一直是班里学习成绩最差的学生,某日课堂上有人偷偷向老师扔粉笔,该教师简单询问了一下学生,就根据学生的脸色、眼神等判定就是那个班级学习成绩最差的学生所为,因此而实施了错误的惩戒,这就属于过于自信的过失。如果惩戒实施者惩戒不当所基于的错误,是一般人都无法避免的,那么就不应该对惩戒实施者进行苛责。

对于学校或者教师施加惩戒行为造成学生伤害结果这种特殊情况,惩戒实施者的主观过错的判断尤为重要。对于这种特殊情形,一是要判断惩戒行为与伤害结果之间是否存在因果关系;二是要判断情况是否紧急并且是否有其他惩戒方式可供选择;三是要判断这种伤害结果是由惩戒实施者故意、过失还是不可归责的意外造成的;四是在认定学生伤害结果可以归责于惩戒实施者的情况下,如果惩戒实施者实施惩戒主观上是为了学生着想等基于保护学生利益的考量因素,可以作为酌情减轻责任的事由。

5.2 惩戒合理性原则

多数教育研究者都认为在教育活动中进行适度的、合理的、规范的和教育性的惩戒是必要的。① 这也是教育惩戒的合理性原则要关注的几个关键词,那么如何把握适度、合理、规范和教育性呢?这就需要对教育惩戒的细节进行研究。首先要判断调查惩戒的具体措施与实施惩戒者的言辞,其次要调查惩戒的具体情境。

5.2.1 保证惩戒的具体措施与学生问题行为相适应

首先,惩戒针对的是中小学生的问题行为,而不是针对中小学生本人,因此,惩戒措施必须与问题行为相对应。《刑法》的一个基本原理是刑罚是对犯罪行为的否定,而不是对犯罪人的否定,因此,要注重犯罪

---

① 赵国瑞:《有效的教育惩戒:从管理活动到教育艺术》,载《中国教育学刊》2020年第2期。

人的改造和回归社会可能性。① 当然不能将有问题行为的未成年人同犯罪人相比，但刑罚作为惩罚中最严厉的惩罚手段都要关注改造行为人，而对于未成年人问题行为进行惩戒，就更不能局限于惩戒本身，更需要关注惩戒措施的适用对纠正未成年人问题行为的有效性，要针对具体行为进行具体判断。判断一项惩戒措施合理与否，需要考察学生的问题行为与采取的惩戒措施是否适当，也就是惩戒措施要与问题行为具有相当性，如不交作业、考试作弊等学业性问题行为引起的惩戒，就不能实施罚站、带离课堂、停课、停学等惩戒措施，因为这些措施不能促进学生的学业。罚写作业、罚课后辅导属于适当的惩戒措施。而对于打架、欺凌同学等侵权性问题行为，以及吸烟、饮酒等言行失范行为，扰乱课堂秩序的行为，罚站、训导、责令赔礼道歉、作口头或书面检讨等行为就属于适当的惩戒措施。

其次，惩戒并不排斥施加物理上的有形力。惩戒是否合理，不是简单地采取了法定的惩戒措施就是合理合法的，也不是实施了法定惩戒措施之外的惩戒就是非法的、不合理的，更不是不使用包含身体力量的物理上的有形力，仅仅进行批评教育、训诫就不属于体罚，如果使用语言暴力仍然应当认定为体罚。

在具体的惩戒实践中，在特定情境中，惩戒者与被惩戒者之间的身体上的冲突是不可避免的，有时候面对中小学生的侵权行为，不得不使用物理上的有形力予以制止。此外，2020年最高人民法院、最高人民检察院、公安部发布的《关于依法适用正当防卫制度的指导意见》第2条规定，成年人对未成年不法侵害人可以实施防卫，应尽量避免或制止侵害，但对于不法侵害严重危及人身安全的，可以反击。无论是从法律上还是教育实践中，教师对中小学生不法侵害行为、严重扰乱教育教学秩序行为都不可避免地进行身体接触，这时候采取了法定惩戒措施之外的包含身体力量的惩戒就不能判定为不合理的惩戒。

---

① 阮齐林:《刑事司法应坚持罪责实质评价》，载《中国法学》2017年第4期。

5.2.2 规范惩戒用语

除了惩戒措施要与学生问题行为相当，还要注意不要让惩戒言辞成为语言暴力。语言暴力主要表现为讽刺、挖苦、蔑视、嘲笑、侮辱、诽谤、谩骂、恐吓和敌意的幽默等不文明的语言，① 语言暴力危害极大，会使学生在不良语言刺激下，更加紧张、局促、丧失自信心、无法集中注意力；同时教师的语言攻击还会引起学生的盲目效仿，产生暴力倾向和报复心理，受教师语言暴力的学生，在平时的学习、生活中也会对同学或玩伴进行类似的语言侮辱和攻击行为，从而容易误入歧途；② 除此之外，教师惩戒中的语言暴力如果是当众实施的，还会引起其他同学对被惩戒学生实施语言暴力甚至身体暴力。除了侮辱、诽谤、谩骂等明显的语言暴力以外，还有很多隐性的语言暴力、冷暴力也需要考察，如长期拿某同学的学业成绩或者作业上的错误来进行举例对比等。因此，惩戒时如果言辞不当，即使适用的是法定的惩戒措施，也是不合理的惩戒。

惩戒时的言辞需要有一定的限度，要考虑受处分学生的心理素质，针对其实际情况进行教育、疏导，注意青少年个体不同时期、不同阶段、不同特点、不同场所的身心特点、个性差异和情绪控制，不能采取简单、粗暴、教条的教育管理措施。③ 具体来说，惩戒的时候应就事论事，不能谈及学生学业成绩、学生家庭状况等，要根据学生个性特点把握惩戒时的语言特点，如对于自卑敏感的学生不适宜课堂罚站、当众批评教育等措施。

---

① ［美］罗兰·米勒:《亲密关系》，王伟平译，人民邮电出版社 2011 年版，第 163 页。
② 覃立、范运祥:《体育教师语言暴力现象探析》，载《体育文化导刊》2017 年第 11 期。
③ 周贤日:《论教师教育惩戒权》，载《华南师范大学学报（社会科学版）》2020 年第 4 期。

在使用教育惩戒措施时，尤其是批评教育、训导这类语言类教育惩戒措施，尤其要规范用语。规范语言是语言生态系统针对语言暴力的治理机制。① 首先，在语言类惩戒措施中，要用积极或中性的语言鼓励和引导学生实践正确的行为方式。例如，中小学生以大欺小的行为，表述为"与他人相处不和睦"；作弊的行为，表述为"需要完成自己的分内之事"；不及格，表述为"未达到要求"；注意力不集中，表述为"花费很多时间做白日梦"；煽动混乱者，表述为"没有管理好自己的事情"；高声喧哗的行为，表述为"需要培养在课堂轻声说话的习惯"等。② 其次，明确使用惩戒用语时的禁忌或原则。禁挖苦语、禁比较语、禁挑战语、禁告状语、禁预言语、禁结论语、禁记账语、禁挑拨语、禁驱逐语、禁罢课语③、禁孤立式语言。最好的方式是制作指导手册，列出学生常见行为问题，以及建议使用的相应教师惩戒用语。

5.2.3 关注惩戒的具体情境

惩戒措施适用是否得当，是否基于保护学生利益，还需要从惩戒实施的具体情境来判断。比如罚站，虽然《中小学教育惩戒规则(试行)》规定了可以对学生在教室罚站不超过一个课时，如果老师让学生到教学楼门口、操场等公共场合罚站30分钟，这种处罚即属于违法的，因为学生在上述场所罚站，使得该罚站行为成为一种实际的"示众"行为，对学生的心理伤害已经超过法律的处罚目的。因此，这不属于适当的惩戒。④ 再比如，在欺凌同学事件中，教师为制止侵害，而对该实施侵害行

---

① 何伟、刘佳欢:《生态哲学观下语言暴力的界定、成因及防治》，载《云南师范大学学报(哲学社会科学版)》2020年第6期。

② 杨静林、曾祥敏:《美国小学教师批评用语分析及启示——以密歇根州霍恩小学校方指导文件为例》，载《外国中小学教育》2012年第12期。

③ 陶耀娟:《批评用语十忌》，载《广西教育》2002年第15期。

④ 周贤日:《论教师教育惩戒权》，载《华南师范大学学报(社会科学版)》2020年第4期。

为的学生实施了一定的物理上的有形力,将其胳膊扭转至后背,控制其人身等,这仍然属于合理惩戒,因为该物理上有形力的行使,是为了阻止侵害学生行为的发生。

5.3 保持惩戒的谦抑性原则

谦抑性是刑法上一个基本原则,意思是刑罚本身也是一种恶,只能不得已而用之。① 只有在其他社会治理手段不充分时,或有代之以刑罚的必要性时,才可以发动刑罚。② 虽然刑罚与中小学的教育惩戒属于完全不同的社会治理手段,但同属于惩罚,其背后的道理是相通的。此外,中小学的教育惩戒针对的是心智和认识尚未成熟的未成年人,对其适用惩戒尤须谨慎,因此,保持惩戒的谦抑性也是保障未成年人权益的应有之义。

保持惩戒的谦抑性,最主要的表现是初犯不予惩戒,设置惩戒犹豫制度,纪律处分慎用。

5.3.1 初犯不予惩戒

这里的初犯是借用刑法上的概念,刑法上指的是第一次实施犯罪的人,③ 在这里指的是第一次违反校规校纪或法律的未成年人。根据2005年发布的《最高人民法院关于审理未成年人刑事案件具体应用法律若干问题的解释》第11条规定,对未成年罪犯量刑要充分考虑未成年人犯罪时的年龄、是否初犯、犯罪后的悔罪表现、个人成长经历和一贯表现等因素。该规定对于未成年人适用惩戒措施也具有重要的参考意义。对于

---

① 陈兴良:《刑法的价值构造》,中国人民大学出版社2006年版。
② 张明楷:《避免将行政违法认定为刑事犯罪:理念、方法与路径》,载《中国法学》2017年第4期。
③ 马长生、伍志坚:《初犯的刑法学界定》,载《政法论坛》2005年第1期。

中小学生适用惩戒措施，同样应本着慎用、尽量不用的原则，以发挥惩戒的威慑作用为主，以实际适用惩戒为辅。因此，对于初次犯错的中小学生，教师应该明确告知其犯了什么错误，按照法律及校规校纪应该受到什么惩戒，令其真诚悔过的同时，告知其不予惩戒，下不为例，如果再次犯同样的错误，就要对其进行惩戒了。这里的第一次犯错的界定，不应该扩大解释，将学校内甚至公安机关的记录都牵扯进来，如果是轻微惩戒的问题行为，应该以任课教师当天任课期间为准判断初犯，或者某次公共活动期间为准，判断初犯；如果是迟到、早退，应该以学期为准来判断是否初犯；如果是吸烟、喝酒、打架等需要较重惩戒的，应该以该犯错学生所在班的班主任判断为准，只要在该班的班主任带班期间，该学生是第一次犯错就应当认定为第一次犯错。

5.3.2 设置惩戒犹豫制度

犹豫制度实质是刑事政策学上的一项制度，是指基于刑事政策的考量，法律赋予刑事司法机关一定的自由裁量权，以实现对犯罪嫌疑人、被告人、犯罪人的非刑事化处理的一种制度。世界上许多国家都设置了未成年人犯罪刑事犹豫制度，具体包括侦查阶段的微罪处分制度、起诉阶段的起诉犹豫制度、裁判阶段的宣告犹豫和执行犹豫。该制度主要是指，在侦查阶段警察机关对部分轻微犯罪案件不移送审查起诉；在起诉阶段，检察机关对部分案件不提起公诉；法院在认定被告人有罪的前提下，在一定期限、一定条件下暂不宣告被告人有罪和接受刑罚，如判处缓刑。① 对于未成年人犯罪治理，刑罚犹豫制度发挥了重要作用。既然针对未成年人犯罪都可以设置刑罚犹豫制度，那么对于未成年学生在学校内的各种问题行为的惩戒，更需要设置惩戒犹豫制度，以给予中小学生自己积极纠正自己的问题行为的机会。在具体设置上，在初犯不予惩戒

---

① ［日］大谷实:《刑事政策学》，黎宏译，法律出版社2000年版，第163页。

的基础上,如果再犯,要对该学生宣布教育惩戒措施,同时给其宣告一定的考察期,比如,半个月或一个月的考察期,令其自己去修复原来被破坏的社会关系;再如,同学打架,令其赔礼道歉或采取其他方式与受伤害的同学和好;又如,扰乱课堂秩序或公共活动中扰乱秩序,令其在考察期内负责维持课堂或公共活动秩序,如迟到早退,令其在考察期内负责考勤等。在考察期结束时,如果其完成了考察期的任务,就可以宣告不再对其惩戒,不记入惩戒记录,并对其提出表扬,其获得表彰、奖励或其他权益不受影响。如果考察期内继续犯错,或者有其他问题行为,就要对其实施宣告的教育惩戒,并明确告诉其导致考察期提前结束直接予以惩戒的原因。如果该学生在考察期结束后再次犯错,同样设置考察期,并告知其会实施比上次宣告的惩戒措施还要严厉的惩戒措施。

5.3.3 慎用纪律处分

纪律处分具有较强的惩戒性,对学生的一系列基本权利都可能构成直接影响。关于纪律处分,我国《义务教育法》只规定了义务教育阶段学生不得开除,学校有权对学生进行奖励和处分,关于纪律处分的具体种类,详见于《普通高等学校学生管理规定》和各地方颁布的中小学生奖励和处分办法或中小学生学籍管理规范性文件。同高校一样,中小学校的纪律处分也是六种:警告、严重警告、记过、留校察看、勒令退学、开除学籍,其中义务教育阶段的学生不适用勒令退学和开除学籍,而对于高中阶段学生纪律处分是同高校一样的。此外,各地的中小学奖励和处分办法或学籍管理规定等都规定,记过、留校察看、勒令退学、开除学籍处分是要记入学生档案的。但对于如何从学生档案中消除这些不良记录却都语焉不详、操作性不强。[①] 即使是频频引发学生诉讼的高校纪律

---

① 孙倩、金钊:《中小学校教育惩戒与纪律处分之融合》,载《当代教育科学》2021年第1期。

处分解除制度都存在种种问题,例如,各学校没有统一认识,各学校学生纪律处分解除制度差异巨大,制度规范性参差不齐,规定自动解除,但缺乏解除条件的设置和要求,缺乏对处分后期的管理,对于处分期内又犯新错该如何解决没有规定;即使明确学生纪律处分解除程序,但很多程序复杂手续重重,需要学生个人申请、班委民主评议、学生工作处研究、学校审核等,对于高校学生可能易于操作,但对于心智尚未成熟的未成年人根本无法操作;没有人专门负责纪律处分的解除,导致最终的纪律处分程序上走过场,无人关心学生是否真诚悔过,是否对自己所犯错误性质、后果和危害性有深刻认识等;有的高校或中小学规定了解除处分基础上的撤销处分,将处分记录从学生档案中取出放入学校文书档案,但有些高校、中小学并没有这种规定,导致处分规定不统一,出现了地域差异。①

纪律处分对于高校学生的学习生活有重要影响,而对于中小学生的学习和生活影响更是重大,纪律处分直接关乎学生名誉,并且一旦记入学生档案会对学生终生产生不利影响。高校学生不服纪律处分决定的,可以提起行政诉讼状告学校,但对于很多中小学生来说,我们往往看到的是某中学生因为纪律处分而自杀的惨剧。② 法院及社会舆论的关注点往往转移到学校没有按照程序作出纪律处分或者学校没有及时将纪律处分告知家长,或者学校没有对该被处分学生尽到足够注意义务,而极少有人关注到纪律处分这一惩戒措施上。中小学生因遭受纪律处分自杀,是对纪律处分的抗议,难道纪律处分这一处罚措施就真的比体罚学生更为公道合理吗?即使是最严厉的惩罚——刑罚,在讨论犯罪行为的刑事违

---

① 熊元林、卢少华:《高校学生纪律处分解除制度的基本构想》,载《思想理论教育》2020年第9期。

② 李建青、宋宝宁诉青海湟川中学人身损害赔偿纠纷案,载《中华人民共和国最高人民法院公报》2009年第4期。

法性时，都强调行为无价值或结果无价值，而不是否定犯罪人，① 都是着眼于恢复性司法，改造犯罪人的行为，② 力图劝说犯罪人自愿停止将来的犯罪行为。因此，在刑事政策领域，消灭犯罪记录及其带来的负面影响一直是恢复性司法的工作重点。而教育法语境下的纪律处分作为与学生权益有着直接利害关系的惩罚措施，却仍然囿于其固有的教育管理范畴内，囿于学校自由裁量权范畴内，③ 不去关心纪律处分对学生权益的侵害与剥夺、纪律处分的救济、纪律处分对学生的污名化影响、纪律处分对学生本人的负面评价。因此，纪律处分因其要记入学生档案，留下不良记录，因其直接涉及学生名誉、荣誉，对其适用要格外慎重。此外，鉴于《中小学教育惩戒规则（试行）》的发布，对于全国各地中小学的纪律处分相关规范的统一也应当提上日程，同时对于教育惩戒附加纪律处分的条件，纪律处分解除及撤销后不良记录的销毁问题也应当引起重视。

5.4 遵循既定程序原则

诚然，为了保障教师实施教育惩戒权，为了调整立法统一规范与教师自主权及学校自主权之间的平衡问题，只需对教师实施惩戒的条件、方式和程序等进行低密度、低强度的规制，不宜将内含于教育教学等自主权之中的惩戒格式化、标准化、程式化，对轻微惩戒不应作程序要求，为学校和教师行使自由裁量权留下空间。④ 但在行使教育惩戒权时，学校和教师对一些基本的注意事项，还是要遵循的。贯彻正当程序原则，不

---

① 单晓华：《一元行为无价值论的"回归"：理据与可能——评〈刑法学中的"正当"与违法性理论〉》，载《河北法学》2019年第4期。

② Alexia Lindley Faraguna, Wiping the Slate, Dirty: The Inadequacies of Expungement as a Solution to the Collateral Consequences of Federal Convictions, Brook. L. Rev. Vol. 82, 2017, p. 966.

③ 王工厂：《基于司法大数据的高校纪律处分实证研究——兼论教育法学研究范式的拓展》，载《复旦教育论坛》2018年第6期。

④ 申素平：《教育惩戒立法研究》，载《中国教育学刊》2020年第3期。

仅仅是为了监督教育惩戒权的行使、保障未成年人权益，更是为了更好地教育引导学生，保障学校和教师的权益，避免在家庭、学校纠纷中处于劣势。

5.4.1 必须遵守的程序

《中小学教育惩戒规则(试行)》规定了三大类十四种惩戒措施，从一般惩戒到较重惩戒、严重惩戒，这样的划分本身就是为了告诫惩戒实施者，对于教育惩戒的适用要轻重得当。轻重得当不仅体现为轻微的问题行为不能适用较重及严重惩戒，还体现为学业性问题行为的惩戒措施要针对提高学业；扰乱秩序性问题行为的惩戒措施要针对维持秩序；侵权性问题行为的惩戒措施要针对修复侵权关系。如果学生问题行为与惩戒措施不能对症，那也应当认定为滥用惩戒或体罚。

5.4.1.1 各类惩戒措施都需要注意的几项事项

首先，教育惩戒应遵循正当程序原则。正当程序原则主要包括三点要求：一是合理的通知，包括被处分事项的合理说明和被处分人在合理时间内获得有关通知；二是被处分人有提出证据和陈述申辩的机会；三是有公正的裁判机关来判断事实和作出公正的裁判。正当程序不同于法定程序，比如，《普通高等学校学生管理规定》及各地方教育行政部门颁布的中小学生学籍管理规定，学生奖励和处分办法中规定的关于处分的程序就属于法定程序，但并不是完全遵循了法定程序作出处分决定就合理合法了，正当程序除了强调学校作出任何对学生权益产生影响的处分行为都要遵循既定的程序，还强调处分决定作出过程中的法治精神，即尊重和保障人权，法定程序如果有违公平正义原则或者法定程序本身有瑕疵都会被认定为违反正当程序原则。①

　　目前，各高校纪律处分决定虽然对于作出处分决定过程中的事实认定、学生陈述和申辩、处分决定送达等重要的程序事项作出了规定，但均一笔带过，对处分解除却设置了复杂的程序，包括学生本人申请、召开班会或专门评议组民主评议、部（院、系）研究建议、学生工作处研究决定、学校审批等。②而中小学纪律处分没有国家统一的规范性文件，各地教育行政部门及中小学校关于中小学生纪律处分的规范性文件基本照搬高校纪律处分相关规范性文件。这样设置不仅没有保护学生权益，反而为学生维护自己权益设置了各种阻碍，这也是引发涉高校行政诉讼及高校屡屡败诉的一个主要原因，对于中小学生来说，这种设置不仅对纠正中小学生的问题行为起不到丝毫作用，而且有可能直接引发中小学生自杀等严重后果。因此，中小学教育惩戒决定的作出必须强调重视事实调查、取证、学生陈述和辩解、处分决定送达这个基本程序。同时对于惩戒和处分的解除进行简化，鉴于中小学生心智尚未成熟，对于惩戒和处分的解除不应由学生本人申请，再层层审批，应该由学校负责德育工作人员自上而下对学生依职权主动审查和解除。

　　其次，中小学生问题行为发生时要按照事实调查、取证，让学生为自己的行为辩解，判断是否初犯（初犯不予追究），再犯进行考察（考察期内未犯错不予惩戒），决定进行惩戒，将惩戒决定和事由明确告知学生及其家长，根据学生问题行为选择合适的惩戒措施，使用规范的惩戒用语，严格按照法定惩戒措施设定的场所和办法进行惩戒（比如教室内站立，不能改成教室外站立），慎用纪律处分，学校依职权考察和解除惩戒和处分，学生毕业时销毁不良记录这样的程序来进行。在实践操作中，很多显而易见的学生不良行为，事实调查环节可以直接省略，只需要固

---

① 程琥：《高等学校处分学生应遵循正当程序原则》，载《教育发展研究》2006年第15期。

② 熊元林、卢少华：《高校学生纪律处分解除制度的基本构想》，载《思想理论教育》2020年第9期。

定证据即可。目前实践中面临的问题是学生大量的妨碍公共秩序性问题行为和侵权性问题行为，因为体罚的禁用，教育惩戒措施与体罚界限不清，使得很多教师只能采取批评教育等语言类惩戒措施，而事实调查和取证、学生对自己问题行为陈述和辩解这几项程序工作都做得很充分，但对于考试作弊以及其他教育行政规范性文件明确规定可以进行纪律处分的中小学生问题行为，事实调查、学生陈述辩解、合理的通知、公正裁断以及惩戒用语规范等重要的保障未成年人权益的程序事项却往往忽略了或者仅仅走个形式，过分重视纪律处分这个结果，甚至会全校通告。

5.4.1.2 一般惩戒、较重惩戒、严重惩戒各自需要的注意事项

对于一般惩戒措施的适用。其多发生于课堂上或公共活动中，教师一般需要当堂或立即行使，这个时候事实调查可以省略，注意在有视频监控的情况下或者有两个教职工见证人的情况下进行，先让学生自己辩解，教师对初犯不予惩戒，对再犯先进行考察，在此过程中，学校要贯彻惩戒与学生问题行为相当的原则，明确告知学生要对其使用惩戒及惩戒事由、后果，使用规范惩戒用语即可。虽然《中小学教育惩戒规则(试行)》明确规定一般惩戒可以告知家长，也就是说一般惩戒如果不告知家长也是合法的，但明确告知学生本人这个程序还是必要的。其中点名批评、责令赔礼道歉、作口头或书面检讨、课后教导这几项措施都属于语言类惩戒，要有适度意识，并不是语言类惩戒就不会涉及体罚，如果使用语言暴力，照样应当认定为"变相体罚"。因此，对于语言类惩戒，尤其需要注意使用规范用语，不能使用侮辱、否定未成年学生本人的言辞，具体可以参照批评用语十忌先进行自我修炼。而对于适度增加额外教学任务这一惩戒措施应主要适用于不按时完成作业、考试作弊的学生，旨在提高其学业；罚站、做班级公益服务应主要适用于扰乱课堂秩序、辱骂、打架、斗殴、寻衅滋事等言行失范的学生。

对于较重惩戒措施的适用。其适用主体是学校。根据《中小学教育

惩戒规则(试行)》第 19 条的关于严重惩戒需向主管教育行政部门备案的规定以及中小学学籍管理规定、奖励和处分办法等，由学校作出惩戒是需要进行记录的。同时较重惩戒应当及时告知家长。根据《中小学教育惩戒(规则)》的规定，这里的合理通知强调"应当""及时""告知家长"，但并没有指明是惩戒前告知还是惩戒后告知，所以由学校把握应当及时告知家长的度。适用较重惩戒应当严格遵循正当程序原则，遵循事实调查、取证、学生辩解、合理通知、合理惩戒、保持惩戒谦抑性这些基本程序，要明确告知学生较重惩戒记录的不良影响，以及学生需要哪些努力才能消除这些不良记录。遵循正当程序原则不仅仅是为了确定惩戒措施，更重要的是让有问题行为学生亲自参与其中，让学生充分陈述和辩解自己的行为，使学生的陈述辩解在惩戒措施适用中实际发挥减轻惩戒的作用，使学生通过正当程序原则感受到自己得到公正的裁断，使学生积极地履行惩戒措施并通过事后补救积极地改正自己的问题行为，通过正当程序原则对该学生进行德育教育。

对于严重惩戒措施和纪律处分的适用。其适用主体是学校，学校要进行记录、存档、备案，学校要事先告知家长。严重惩戒措施和纪律处分关涉学生重要权益，因此，适用时尤其需要重视事实调查、学生陈述和辩解、合理通知及公正裁断，同时对于严重惩戒措施及纪律处分的解除、不良记录的销毁需要由学校积极主动进行，需要关注中小学生通过哪些努力纠正了自己的问题行为，而不应当将关注点放在申请、考核、审批等复杂的解除惩戒或处分的程序上。

5.4.2 关于学生问题行为的控制、制止及检查

根据《中小学教育惩戒规则(试行)》第 11 条规定，对学生妨碍公共秩序性行为及可能对他人造成伤害的侵权性行为，教师可以予以控制和制止；教师、学校发现学生携带、使用违规物品或者行为具有危险性的，应当制止，发现学生藏匿违法、危险物品的，可以对学生课桌、储物柜

进行检查，对于违规物品可以暂扣并妥善保管，并交还学生家长，对于违法、危险物品，应及时报告公安机关、应急管理部门等依法处理。这实际是赋予了教师及学校对学生问题行为的制止权和对违规物品的暂时扣留权，对违法、危险物品的扣留权、检查权。

首先，要注意制止权、检查权行使的合理性。学校及教师控制、制止学生问题行为，以及对违法、危险物品的检查要能够证明，这些措施的采取仅仅是出于达成合法教育目的的需要。当这种控制行为能保护人身或财产，促进学习或防止教育过程中的破坏性行为时，学校及教师当然必须采取所有合法手段去控制学生的行为，但无理由的控制是违法的。法律会支持教育者的合理行为，以促进学校的安全和秩序；但是如果没有法定理由，学校也不能压制或惩戒学生一些不受欢迎的行为。①

其次，在控制、制止学生问题行为时使用物理上的有形力的合理性。根据《刑法》关于正当防卫的规定及 2020 年最高人民法院、最高人民检察院、公安部发布的《关于依法适用正当防卫制度的指导意见》规定，成年人对明知是未成年人实施的不法侵害可以实施正当防卫，但应先尽量使用其他方式避免或制止侵害；在没有其他方式避免、制止侵害或者不法侵害严重危及人身安全这两种情形下，可以直接予以反击。因此，学校及教师控制、制止学生问题行为是内含于正当防卫制度里面的，这种控制和制止不可避免地需要使用一定的身体力量，比如，学生打架、斗殴中教师为了制止学生而抱住学生腰、抓住学生肘部，将学生强制带离教室等都是不可避免的，也是符合正当防卫规定的；再如，学生争吵时，教师将学生进行身体控制并带离教室，也是法律允许的，因为争吵有演变为暴力行为的可能性。如果学生仅是对教师或其他学校管理者轻微挑衅，没有辱骂等语言攻击或踢打等攻击性行为，教师或其他学校管理者直接对学生进行拳打、掌掴、卡脖子等行为，就属于违法行为了。

---

① ［美］米基·英伯等：《美国教育法》（第三版），李晓燕、申素平、陈蔚译，教育科学出版社 2011 年版，第 131 页。

因此，对中小学生实施包含身体力量的物理上的有形力维持学校纪律和秩序，要综合考察多种因素来判断其合理性，具体包括：行为的目的，儿童的年龄、性别以及身体和心理条件，攻击性行为的性质，儿童的行为对其他儿童的影响，引发的损害范围，使用物理上有形力是否与违纪行为不相称或者是否有损人格。①

最后，关于对未成年学生物品的扣留权和检查权。这一规定源于执法机关的人身安全检查权，2010年公安部发布的《公安机关人民警察现场制止违法犯罪行为操作规程》具体规定了人身安全检查，除了在刑事程序中使用外，在治安案件处置中也是一道必经程序，不仅是针对有犯罪嫌疑的人，也针对有违法嫌疑的人，安全检查的范围包括嫌疑人的身体及其随身携带的物品，安全检查的目的是收缴违法随身携带的管制刀具、武器、易燃易爆等危险品，最终是为了维护社会治安秩序和公共场所民众的人身安全。② 在民航、火车、地铁等大型公共场所设置安检装置，在公共交通道路上拦停交通工具、进行人身检查和生物信息采集等临检措施，也是上述执法权的延伸。③ 其实，除了上述公共场所，学校尤其是中小学校及幼儿园也应当列入公安机关重点安检范围，随着近年来中小学及幼儿园内肆意杀害幼儿及中小学生事件等校园安全事故频发，仅仅赋予中小学校及教师扣留权和检查权是远远不够的，还需要在校门口加强安保及安检措施，如果同民航、火车、地铁等重要公共场所一样采取严格的安检措施，入校门的时候就由公安机关进行人身安全检查，也可以保障学校及教师在扣留或检查学生物品时操作不当而侵害学生权益或引发其他悲剧。

---

① [美] 米基·英伯等：《美国教育法》（第三版），李晓燕、申素平、陈蔚译，教育科学出版社2011年版，第131页。
② 吕萍：《人身安全检查的法律定位质疑》，载《郑州大学学报（哲学社会科学版）》2012年第1期。
③ 李婕：《继承与超越：新时代警察临检权的法治内涵》，载《西南政法大学学报》2018年第5期。

从根本上来看，对学生进行合法惩戒的宗旨是衡平，是对学生利益和学校利益的平衡和优化，即学校能够证明，学校规则的制定、实施、裁定与惩罚仅仅是出于达成合法教育目的的需要。当这种控制行为能保护人身或财产，促进学习或防止教育过程中的破坏性行为时，学校必须采取所有合法手段去控制学生的行为，但无理由的控制是违法的。法律会支持教育者的合理行为，以促进学校的安全和秩序，但是若没有法定理由，学校也不能压制或惩戒学生一些不受欢迎的行为。①

在中小学教育惩戒中贯彻正当程序原则对于保障未成年人权益及学校和教师的合法权益都具有重要作用。贯彻正当程序原则，首先，要做的是加强教师惩戒道德规则和技术规则培训，② 包括以教育为根本目的的惩戒道德规则培训、惩戒用语艺术培训、正当程序原则精神及具体做法培训、惩戒后对学生问题行为纠正的教育指导及积极解除惩戒和处分具体做法培训等。其次，为了给未成年人留有改过自新的余地，也为了未成年人更好地走入社会，学校对于高中以前的教育惩戒记录，在高中毕业后应当销毁，具体做法是从学生档案中删除这些惩戒记录。③

---

① ［美］米基·英伯等:《美国教育法》(第三版)，李晓燕、申素平、陈蔚译，教育科学出版社 2011 年版，第 131 页。
② 白雅娟、李峰:《教师惩戒权的流失与救赎》，载《教育探索》2016 年第 4 期。
③ 李惠宗:《教育行政法要义》，我国台湾地区元照出版有限公司 2014 年版，第 122 页、第 125 页。

第6章　把握教育惩戒行为的德育内涵

教育惩戒权是具有职务行为的特征的,特别是在《中小学教育惩戒规则(试行)》颁布以后,教师依照《中小学教育惩戒规则(试行)》实施惩戒,应当被认定为职务行为。教育惩戒作为一种特殊的教育职务行为,是基于学校管理权而实施的教育管理措施。[①] 从法院的既有判决来看,也是将教师的教育惩戒行为界定为职务行为。[②] 职务行为最初来源于公务员依据公共权力而行使的行为,目的在于维护特定的公共利益,维护公共秩序。但职务行为也注重伦理性,伦理的本质在于塑造个体与社会富有道德责任的行为,作为"原则王国"的具有普遍意义的道德指引。伦理性不仅强调职务行为合法,还必须合理,关注职务行为履行者自身的智识、良知、传统习俗。[③] 因此,教育惩戒作为一种职务行为也要具备道德要素,履行德育职责。

6.1　教育惩戒具备的德育要素:对学生尊重、信任、平等相待

根据教育部2020年年底颁布的《中小学教育惩戒规则(试行)》的规

[①] 任海涛:《"教育惩戒"的概念界定》,载《华东师范大学学报(教育科学版)》2019年第4期。

[②] 贵州省遵义市播州区人民法院 (2020) 黔0321行初193号行政判决书。

[③] 顾爱华、吴子靖:《论公务员职务行为的伦理塑造功能》,载《中国行政管理》2014年第12期。

定，教育惩戒的主体包括教师和学校。一般惩戒，比如点名批评、检讨、罚站等，教师可以当场实施。而较重惩戒和严重惩戒则必须由学校实施。无论是教师还是学校在实施教育惩戒措施时，都需要保持初心，充分贯彻德育思想和德育精神，把德育工作落到实处，不能仅仅为惩戒而惩戒，或者仅仅为了维护教育教学秩序而惩戒。

6.1.1 教育惩戒中贯彻德育是教师的法定职责

根据《教师法》第3条规定，教师的职责是教育教学，教师是履行教育教学职责的专业人员。教育教学职责的内容包括教书和育人两个方面，即一方面是培养社会主义事业的建设者和接班人，另一方面是提高民族素质。因此，教师是依据教育教学职责来行使其职务行为。教育惩戒同样作为教师的职务行为，其内容应当也限于教育教学职责。因此，根据《教师法》的规定，教育惩戒也需要具备教书育人的内容。一方面教育惩戒目的是纠正学生的各种问题行为，维持教育教学秩序，这可以归入教书的职责中；另一方面，对于育人的职责，则要求教育惩戒不止在于通过惩罚诫勉学生的不良行为，更重要的是培养学生的良好品德，这就是教育惩戒的德育功能。教育惩戒作为教师的一种职务行为，不仅要合法，更要合理，要强调道德性，致力于塑造学生的道德责任感，为学生养成良好行为习惯确立道德指引，而不能一罚了之。

教育惩戒的德育功能不是一句空洞的口号，在教育惩戒被确定为职务行为的这一刻起，教育惩戒的德育功能就属于惩戒实施者的法定职责，同其他职务行为一样，既要合法，更要合理，要注重塑造个体和社会的道德责任。

6.1.2 德育的必备要素：对学生尊重、信任、平等相待

涂尔干曾说过，教师负有德育的"任务和光荣"，教师的任务"不是

根据某种不存在的道德来塑造儿童,而是要根据当下存在或将会存在的道德概念来塑造他们",在涂尔干看来,惩罚是道德教育中不可或缺的部分,儿童需要一种外在的权威来指导和规范他们的行为,但"惩罚的本质和功能不是违规者通过痛苦来赎罪,或者通过威胁去恐吓可能出现的效仿者,而是维护良知"。① 韦伯同样反对教师在学校里扮演道德权威的角色,但他强调,作为一名正直的教师,他的首要职责是教会他的学生承认"令人不舒服的事实",要本着良知,避免向学生灌输或推荐自己的立场,为学生创造义务的意识、清醒的头脑和责任感,这就是在服务于"道德的"力量。② 因此,在具体做法上,面对学生的违纪违规行为,教师的惩戒不是权威式地说教,不是向学生展示自己的权威,更不是站在道德制高点上批评指责学生,而应当是在尊重、信任学生的前提下,以平等的心态处理学生的违纪违规行为,告知学生他的违纪违规行为是违反了学校某一规范,那么为什么学校要制定这一规范,为什么在学校内大家都要遵守这一规范,不遵守会有什么后果。教师同样要遵守这些规范,向学生展示所有人包括教师本人对规范的服从和遵守,以及所有遵守规范者通过对规范的服从和遵守而获益。唯有如此,才能唤起学生对公共良知的尊重,实现德育的效果。③

6.2 教育惩戒中德育实践之一:
通过道德与法治课程落实教育惩戒

中小学道德与法治课程与教育惩戒的结合有两种方式:一种是将教材中的"遵守规则""遵守秩序""预防违法犯罪""诚信"等课程运用教育惩戒案例进行具体化;另一种则是将道德与法治课程本身演化成教育惩

---

① [法]涂尔干:《道德教育》,陈光金、沈杰、朱谐汉译,上海人民出版社 2006 年版,第 44 页。
② [德]马克思·韦伯:《学术与政治》,商务印书馆 2018 年版,第 29~30 页。
③ 陆一:《德育的学术研究》,载《复旦教育论坛》2021 年第 2 期。

戒的具体措施。两种方式可以相互结合。

6.2.1 在道德与法律的关系中强化道德教育

2016年教育部、司法部、全国普法办发布的《青少年法治教育大纲》第2条规定，青少年法治教育的工作要求中明确提出了要使青少年理解法治的道德底蕴，牢固树立规则意识、诚信观念、契约精神，尊崇公序良俗，实现法治的育人功能。因此，青少年法治教育的前提是德育，是讲法治的道德性、法律的道德性，而不是纯粹地灌输具体的法律规则，将大学法学教育课程搬入中小学法治课堂中。

在当前国家强调加强青少年法治教育的大背景下，有一些现象还是值得反思的。尤其是在中小学生的道德与法治课堂教学中，很多老师过分地强调法律而忽视道德的重要性，人为地割裂道德与法律。关于道德的课堂只谈道德，关于法律的课堂只讲法律，一触碰到道德与法律的关系，只用"违反法律是要受到国家制裁的，违反道德不会受到国家制裁"一笔带过；讲法律的产生，只讲"法律是国家制定和认可的有强制力的行为规范"，不涉及法律的起源。这样的讲授很容易给学生产生强权心理，认为我们遵守法律是因为法律有强制力，违反法律会受到制裁，相反，遵守道德因为不受国家制裁，那就可以不遵守了。依据这种认知，遵守法律不是因为我们认可法律，而是因为不遵守会被惩罚，这就是强权心理。强权心理的基本逻辑就是威慑与惩罚，但任何法律制度仅仅靠威慑与惩罚是不可能长久的，法律不仅强调遵守规则，更强调对规则的社会文化心理认同，强调信仰、情感。[①] 因此，在中小学生的道德与法治课堂中，片面强调法律的国家强制力，割裂法律同道德的关系，是与青少年法治教育的初衷相违背的，也无法在青少年心里产生共鸣。这种强

[①] 李安、王家国:《法律移植的社会文化心理认同》，载《法制与社会发展》2018年第1期。

权心理一旦产生，不仅对我国青少年法治教育无益，还可能会戕害青少年的心理。

那么在中小学道德与法治课程中如何强调道德的重要性，具体包括以下几点：

6.2.1.1 阐明道德的基本概念

关于道德的概念有很多心理专业的学者作过很多精彩的论述，本文不再复述，对道德概念研究比较早的、影响力比较大的学者是法国的涂尔干。涂尔干是围绕道德教育而研究道德概念的。正是法国当时的社会变迁，社会失范行为增多和旧道德的衰败，才使得他想通过道德教育来挽救法国的道德危机。涂尔干基于自己的道德教育思想，重新审视了道德的概念，并提出了道德要素理论，即自律、利他和自觉自主是道德的构成要素，[①]从而将抽象的道德概念具体化，为开展道德教育列出了具体指引。

第一，自律。涂尔干非常重视纪律的养成，强调人们对纪律的遵守是发自内心的。他认为"纪律的存在理由是从其自身中获得的；人受纪律的约束，而不以他发现自己受到约束的行为为转移，这就是善"。[②]人们的日常生活中的行为是有常规性的，是既存的道德规范为人们创设了特定道德情境下应该如何行动的行为指引，这就是道德对人类行为的规范和同化，换一句话说，就是依赖既存的道德规范养成良好的习惯，自愿地认可和遵从纪律约束，这就是自律，这里的纪律包括自身内在的纪律和外部社会规则的纪律。具体到中小学道德教育实践中，就是要锻炼中小学生的自律性。比如，坐姿、站姿、待人接物的必要礼仪、得体的服饰、时间观念的养成、对自身事务的自理能力、生物钟的养成等，这

---

① [法] 涂尔干：《道德教育》，陈光金、沈杰、朱谐汉译，上海人民出版社2006年版，第27页、第45页、第89页。
② [法] 涂尔干：《道德教育》，陈光金、沈杰、朱谐汉译，上海人民出版社2006年版，第27页。

些都属于自律的范畴,也都属于德育的范畴。

第二,利他。涂尔干强调的道德中的利他因素是有明确指向的,就是为了融入社会。他认为社会是一个密不可分的人类群体,人与人之间不可能完全独立,人与人之间必然要进行交往联系,维系人类交往联系的纽带之一就是道德伦理;并且人是群居动物,具有社会属性,人类为了个体生存,也必须生活在群体中,这也促使人类主动将自己和社会融合在一起。处于社会中的人作出某种行为的目的是多样的,如果行为只指向行动者个人目的,就不具有道德价值,由道德规范规定的行为,总是追求非个人目的的行为。① 因此,道德行为应当是非追求个人目的的行为,即利他的行为。但涂尔干主张的道德行为需具备利他性,并不是宣扬自我牺牲精神,而是强调人应该如何在社会中生存。因为人要想在社会中生存下去,就需要让渡部分权利,以获得良好的秩序和个人的生存,而仅为自己目的而行为,最终会被排斥在社会之外。这与法律的基本内容——权利义务一致性道理是相通的,法律在赋予我们每一个权利的同时也赋予我们不得侵犯他人权利的义务,这就是权利义务的一致性,所以我们行使任何一项权利都需要以不侵犯他人权利为前提,这与涂尔干解释的道德行为的利他性是一致的,只是道德行为对利他性的要求比法律行为对利他性的要求高。

道德行为的利他性应用到道德教育中,就是培育学生的社会性,帮助学生融入社会。具体就是教育学生在做任何事、说任何话之前,都要考虑他人的利益、他人的感受,自己做任何行为都以不侵犯他人利益为前提。要尊敬师长、关爱同学,积极融入周围社会环境中,在学校积极融入学校集体生活中,在家庭中也要积极融入家庭关系中,为自己家庭形成融洽和谐的关系贡献自己的力量,中小学生同样有责任去维系和调解家庭和睦关系,学校也有责任和义务帮助中小学生处理好家庭关系。

---

① [法]涂尔干:《道德教育》,陈光金、沈杰、朱谐汉译,上海人民出版社2006年版,第45页。

这些都应该是德育的重要内容。只有这样才能培养学生的社会性，才能帮助未成年学生长大成人顺利步入社会。

第三，自觉自主。涂尔干不仅强调道德行为要自律、利他，同时也强调道德行为的自觉性和自主性，也就是这一道德行为必须是出于主体的自由意志，是主体积极主动地有意识地去行为，即涂尔干所说的"我们还必须对我们行为的理由有所了解""这种自觉意识为我们的行为赋予了自主性"。[①] 道德中的自律和利他因素强调对外部既存社会规则和人类自身规律的遵从和融入，而自觉和自主意识强调我们不能盲目地遵从群体纪律和融入社会群体。要对自己遵从的群体纪律和融入的社会群体有所思考，明白自己为什么要接受这种群体纪律和融入这一社会群体，要有辨别是非善恶的能力，对一些恶的、不利于人类社会发展的群体及其纪律，要明确自己的立场，善于决断和抵制，对于一些陈规陋习和不科学的社会规则善于发现和提出意见，而不能机械地盲目地顺从任何社会群体及其群体纪律。

具体到德育教育中，我们在教育中小学生遵从学校纪律和社会规则，鼓励中小学生融入集体活动、培养学生的社会性的同时，也需要引导学生思考和辨别好的社会群体与恶的社会群体、好的纪律与恶的纪律，培养学生的自觉和自主意识，做什么事都要追问自己行为的理由是否是正当的、正义的。比如，黑社会性质组织，如果我们的中小学生发现这样的组织，就要善于辨别和抵制，而不能盲目地加入。

6.2.1.2 阐明法律的起源与道德的关系

在讲法律的产生的时候，仅仅讲述法律是国家制定和认可的行为规则，是远远不够的。法律的产生有两种方式，一种是国家制度法律，另一种则是国家认可既存的社会规范。而国家认可既存的社会规范是一种

---

① ［法］涂尔干:《道德教育》，陈光金、沈杰、朱谐汉译，上海人民出版社2006年版，第89页。

重要的立法方式，既存的社会规范与道德有密切的联系。恩格斯指出："在人类社会发展的某个很早的阶段，产生了这样的一种需要：把每天重复着的产品生产、分配和交换的行为用一个共同的规则约束起来，借以使个人服从生产和交换的共同条件。这个规则首先表现为习惯，不久便成了法律。"[1] 法律最初来源于社会成员共同的习惯，而习惯的内容就是公序良俗，也是依靠社会风俗和社会舆论来贯彻。[2] 霍布斯认为，人的理性是人的基本属性，人基于理性而生成自然法，自然法就是人们由理性所发现的和平生活的通则。[3] 亚里士多德论述国家产生时，也指出现实中的法律只是正义原则的具体化，法律的实际意义应该是促成全邦人民都能进行正义和善德的制度。[4] 因此，法律的起源与习惯、人的基本属性、正义、善德有密切的关联。法律与宗教也有密切的关联，西方犹太教和基督教经典《圣经》中的《摩西律法》本来就是古希伯来人的法律，天主教《教会法》不仅调整僧侣的关系，也调整世俗世界的关系。伊斯兰的经典《古兰经》也是一部律法书。作为天主教教会法、犹太教、基督教各教派信仰基础的《圣经》中记载的《摩西十诫》第5诫到第10诫的孝敬父母、不可杀人、不可奸淫、不可偷盗、不可作假见证陷害人、不可贪恋别人的财产，这些内容就是人类社会的基本伦理道德。不仅仅是宗教，人类社会已经成为共识的习惯、人性、正义、善德，都是以人类社会基本的伦理道德为基本内容的。法律就是维系道德的底线，第二次世界大战后的纽伦堡审判更是明确了"恶法非法"的原则，法律只有符合"常识、常理、常情"，才可能体现人民意志，才可能代表人民的利益。因此，我们的立法者只有"以普通民众能够理解认同的常识、常理、常情作为制定、适用、执行法律的基础、灵魂、限度和根本标准"，才是

---

[1] 马克思：《马克思恩格斯全集》（第二十三卷），人民出版社1980年版，第211页。

[2] 黄云明：《论马克思基于劳动哲学的法律起源论》，载《四川大学学报（哲学社会科学版）》2021年第4期。

[3] ［英］霍布斯：《利维坦》，黎思复等译，商务印书馆1985年版，第97页。

[4] ［古希腊］亚里士多德：《政治学》，吴寿彭译，商务印书馆1965版，第138页。

中国特色的社会主义法律。① 因此，我们的道德与法治课教师在教授道德与法治课程时，在讲授法律的产生时，务必要讲授法律的起源，务必要阐明法律的道德性，唯有如此，才能唤起中小学生对法律的尊重与认同，也才真正能让道德与法治课发挥德育的作用。

6.2.1.3 厘清法律与道德的关系

康德在《道德形而上学基础》中指出，道德的立法要反映在法律的立法之中，道德性要反映在合法律性之中，善的义务要反映在法律义务之中。但要实现这种法律从属于道德的设定，就必须实现法律原则对道德原则的限定，即通过三个方面对道德原则进行限定，包括"法律承受者的自由选择、一个人对另一个人的外在关系和一个人在受到干涉时被赋予对另一个人实施的强制力量"，通过这三个方面对道德原则的限定而获得法律规则。与康德的法律从属于道德的设定不同的是，哈贝马斯认为，法律与道德是并列关系，一种法律秩序只有与道德原则不相矛盾时，才是合法的。② 无论先哲如何解释道德与法律的关系，有一点是可以肯定的，法律规则、法律秩序不能与道德原则相违背。要使道德原则体现在法律中，就需要对道德原则进行限定。

法律内容会体现道德原则，法律规定不能与道德原则相悖，由此推导出违反道德原则是会受到法律制裁的，因为法律本身就体现了道德原则。当然并不是违反所有道德都会受到法律制裁。那么，违反哪些道德会受到法律制裁呢？就是违反了被纳入法律规定的那些道德原则，比如，《刑法》中规定的不得杀人、盗窃、抢劫、强奸、放火、爆炸等，这些恶行，显然是违反人类社会基本道德原则的，因此，要受到严厉的刑事制裁；再比如，《民法典》中规定的，违反诚信、公平公正、平等自愿、公

---

① 陈忠林:《"恶法"非法——对传统法学理论的反思》，载《社会科学家》2009年第2期。

② 彭凤莲:《论复杂社会法律与道德的关系——哈贝马斯关于破解西方法治国危机的思考》，载《哲学分析》2020年第2期。

序良俗、绿色原则等，都会受到民事制裁，这些行为显然也是违反人类交往的基本道德原则的。

中国古代先哲都讨论过人"性"的问题，战国时期儒家讨论的"性善说""性恶说"，到西汉时期董仲舒总结概括提出了"性三品"说。"性三品"说将人性区分为"圣人之性""中民之性"和"斗筲之性"。[①] 其实抛却"性三品"说将人分为上中下三等这种等级思想，单纯从道德层面来看，"性三品"作为对人性三种品德的概括还是有可取之处的，只是人性是复杂的，没有绝对的圣人，也没有绝对的恶人，很多时候绝大多数人是"圣人之性""中民之性"和"斗筲之性"兼而有之的。因此，"性三品"也可以理解为人性存在的三种层次的道德，即高尚的道德、基本的道德和底线道德。底线道德和基本道德是维持人类社会基本秩序所必须的，是需要体现在法律中的。也就是上文提到的《刑法》规范的是底线道德，民法规范的是基本道德，只有高尚的道德，法律无法强迫人去履行，所以高尚的道德不在法律规范范围之内。

6.2.2 引导学生明辨是非

《青少年法治教育大纲》第3条青少年法治教育目标中明确提出要培养中小学生的法治信仰，促使中小学生形成对社会主义法治道路的价值认同、制度认同，包括小学阶段的情感认同、初中阶段的思想认同、高中阶段的政治认同。具体到中小学道德与法治课程中就是要培养中小学生的家国情感，对我国社会主义核心价值观的道德认同。但是在教育教学实践中，我们要区分道德认同与道德认知，目前普遍存在的简单地给中小学生灌输道德知识、法律知识，让中小学生简单地掌握相关道德与法律知识，这是道德认知，不是道德认同，更无法实现道德认同的目标，

---

① 池田知久、西山尚志：《〈论语〉之〈公冶长〉〈阳货〉〈雍也〉等出现的性说——兼论与"性三品说"的关系》，载《孔子研究》2020年第1期。

相反可能会使中小学生为自己的各种不良行为、问题行为找到狡辩的借口,助长中小学生道德推脱的恶习。久而久之,这会令他们精神麻木,做任何违反道德的行为,都避免进行自我的道德谴责,不会愧疚、不会良心不安,从而走上违法犯罪的道路。①

举一个例子,在很多的道德与法治课上,老师们讲授什么是违法,什么是犯罪,都要举盗窃罪的例子,"盗窃1000块钱是行政违法,盗窃3000块钱是犯罪"。单从老师的备课上来说,不能说不充分,把《刑法》的司法解释都搬到中小学课堂上了。但这样的讲授会造成负面的影响,因为中小学生很容易想到"我偷2999就不是犯罪了"。本来预防违法犯罪的课程是为了使学生们产生对犯罪行为的憎恨和抵制,结果这样的讲课内容,却给了学生们一个很好的道德推脱的借口:偷钱未必是违法犯罪。

再举一个例子,比如为了防止校园欺凌、校园霸凌,我们进行了各种类型的中小学生预防校园欺凌的法治教育讲座。但现实问题是越讲校园欺凌,案件越多而不是越少,以至于我们现在不得不反思我们所进行的中小学生预防校园欺凌的法治教育是不是存在问题,我们的教育方法是不是存在问题,现在的中小学生预防校园欺凌的法治教育都不再敢进行下去了。有的中小学德育老师提到学校内普遍存在的难以处理的一类校园欺凌:一位学生偷偷打了另外一位学生,没有打出任何伤痕,遵照老师的教育,被打的学生就去告状了,结果打人的学生被班主任、德育老师教育了之后,对被打的学生更是肆无忌惮地多次击打告状的学生,当然每次都没有打出伤痕。很多中小学德育老师就反映遇到这种情况应该怎么办?经过咨询才发现,这些中小学德育老师在对打人的孩子进行批评教育时,大致的批评教育用语格式是这样的:"你这是校园欺凌,知不知道,是严重违反校规校纪的行为,鉴于你打人行为情节轻微先不处

---

① 张萌、夏培芳、张宇航:《犯罪青少年心理与行为的脱离机制——基于道德推脱的视角》,载《中国人民公安大学学报(社会科学版)》2018年第4期。

罚。"其实这样的用语,传递给打人的孩子的消息:我已经是个坏孩子了,导致我在老师眼里是坏孩子的原因就是那个小孩的告状,我不就是拍了那个小孩一下吗?竟然说我是校园欺凌,那我就要欺凌那个小孩。而德育老师的困惑竟然是,打出伤来的就好办了,没有打出伤来,怎么认定校园欺凌?言外之意,认定为校园欺凌的就好办了,该处分就处分,该转学就转学,总之给了被打的孩子及其家长一个交代了。而我们的防止中小学生校园欺凌的法治教育又是怎么开展的呢?就是列举一个个校园欺凌的案例,告诉学生这些是校园欺凌,要受到怎样的处罚,我们应该抵制这些行为。

首先,看预防校园欺凌的法治教育课程的内容。把一个个现实的残酷的校园欺凌案例呈现给中小学生们看,造成的风险是胆小的孩子更胆小,而那些逞强好胜爱欺负人的小孩却学到了更多的打人甚至残忍地折磨人的方法,并且通过法治教育学会了一些基本的反侦查的手段。各种减轻免除处罚的情节以及我们法治教育中宣扬对未成年人的保护措施,更令这些有欺凌倾向的学生有了道德推脱的借口。这样讲授校园欺凌不像是普法,更像是传授犯罪方法。其次,看德育老师们的困惑,老师们的关注点都在如何认定校园欺凌上,而不是如何化解这场纠纷。当然认定了校园欺凌,就可以按规定处理了,有的可以让打人的孩子调班或者转学,从而可以顺利地给被打的孩子及其家长一个交代。德育老师们也完成了一项工作,但是处理校园欺凌仅仅是这样吗?出现一起否定一个学生,给他打上校园欺凌的标签,这就是教育惩戒所期望的结果吗?这就是道德与法治课所期望的结果吗?我们有没有想过被定性为校园欺凌的孩子以后的人生道路该怎么走?校园欺凌不是犯罪行为,不是黑社会性质组织行为,我们治理校园欺凌,不是在校园内开展扫黑除恶。中小学生毕竟还是未成年人,我们不能用处分成年人的方法去处分未成年人。最后,看打人的小孩的做法。老师的关于校园欺凌的批评教育不仅没能制止他的行为,反而令其变本加厉。并且他还有了自己的逃脱处罚的方法,就是,打是打了,但就是不打出伤来;或者是打过之后,威胁被打的孩子不许告诉任何人。

从校园欺凌案件的这种处理来看,我们能发现很多问题。其中一个根本的问题就是预防校园欺凌的法治教育普及的内容仅仅在传授简单的校园欺凌相关法律知识,核心在认定什么是校园欺凌,也就是对校园欺凌的定性上。中小学的德育老师们关注的点也是在定性上。最后出现的结果是校园欺凌越来越多,越来越隐蔽。根本原因在于,给中小学生传授的各种违法行为、犯罪行为等恶行相关的法律知识越多,他们获取的狡辩的借口就越多。因为我们的《刑法》《治安管理处罚法》立法的一个核心是监督权力,避免权力滥用,所以我们的《刑法》《治安管理处罚法》都设置了很多除外情形。作为专业的法律工作者讲授法律知识,总会集中在定性上,明确除外情形,以避免司法机关擅权。但这种讲课形式一旦运用到中小学生普法教育中,就很容易给中小学生造成做任何坏事都有逃脱惩罚的借口这样的印象。

这就是中小学思政学科与别的学科的区别。思政学科的重点不应该在传授道德知识、法律知识,而应该在培养道德认同。我们的道德即社会主义核心价值观所反映的道德——中华优秀传统美德,要求我们尊老爱幼、互助互爱。我们的思政课的各种课程核心应该就在于认同这一种道德。

如何培养中小学生的道德认同,就需要通过具体的事例,引导学生明辨是非,区分是非善恶,对违反人类社会底线道德和基本道德的行为形成发自内心的憎恶。比如,美国中小学生品德课程中比较有影响力的是社会学课程,实际就是一种在课堂上对社会事例进行讲述和讨论的课程。老师经常讲一些社会上发生的事例,仅讲事情的过程,不讲结果,让学生讨论和决定应该如何做,然后对学生的各种做法进行评价和提出解决问题的办法。具体做法是,设置一些社会生活中的情境,让学生们去实践。比如,老师有一天看到一个男孩子在操场上打一个女孩,那么老师非常难过,接下来交给学生讨论,这件事该怎么办,怎么解决。然后将这一问题引申到丈夫在肉体上虐待妻子的问题,最后表明老师自己的立场,如果仗着自己的强壮去打一个女孩子或者一个女人,或者其他弱小的人,就是懦弱和没有男子汉气概的表现。①

我们要讲的是如何预防校园欺凌,但我们没有必要告诉学生具体案例中各种打人和残忍地折磨人的方法,只要提到"打""虐待"这样的字样就可以了。我们也没有必要先把整件事呈现出来,然后讲依照法律怎么处理,我们只需要像上述课例中一样,简单描述一下打人这个事件就可以了,接下来的课堂应该交给学生们来讨论,提供解决方案。最后由老师进行道德上的强化。

6.3 教育惩戒的德育实践之二:学校德育工作如何落实教育惩戒

涂尔干认为,惩罚是道德教育中不可缺少的一个方面。儿童心理和生理发育都不成熟,可塑性非常强,他们需要外在的权威来指导和规范,才能成长为具有社会性的人。对中小学生的道德教育不仅包括赞赏、鼓励,也应该包括惩罚。

6.3.1 德育中的惩戒要完成三个阶段

涂尔干认为,惩罚的功能有很多,包括通过惩罚震慑民众不作出某种行为,通过惩罚的痛苦使违规者赎罪,以弥补其过错,补偿受害人。但惩罚还有一项重要的功能,就是维护良知。各种破坏良好社会秩序的行为,不仅仅是挑战法纪的行为,不仅仅意味着权威和规范受到挑战,更意味着良好社会秩序背后的道德世界的崩坏。② 正是我国古人感叹的,

---

① 韩文根:《美国学校的品德教育对我国中小学德育的启示》,载《教学与管理》2013年第22期。
② [法]涂尔干:《道德教育》,陈光金、沈杰、朱谐汉译,上海人民出版社2006年版,第160页。

礼崩乐坏，象征着伦理道德文化日渐式微，致使人心不古，世风日下。任何一种破坏良好社会秩序的行为都有引向道德世界崩坏的可能性。因此，任何社会群体内都需要惩罚。当然中小学校也不例外。

中小学的教育惩戒与德育密不可分，教育惩戒不仅要惩罚，更需要通过惩罚进行道德教育，启发被惩罚的学生产生对规则的认同与尊重。因此，教育惩戒的德育实践需要三个阶段：第一个阶段是惩罚违规者使其感受到规则的权威与威慑力；第二个阶段是通过惩罚的痛苦使违规者明白要自我赎罪，违规者通过自己积极的行为来弥补过错，弥补因自己的违纪违规行为破坏的社会秩序与人际关系；第三个阶段是使违规者对违规行为进行自我道德谴责，将道德行为内化为自主、自觉的意识，为良知而行为。第一阶段和第二阶段，需要通过具体惩戒措施的设计来帮助违纪违规的学生完成，第三阶段就需要长期的思想品德教育，通过强化道德认同来完成了。

6.3.2 教育惩戒终极目的是消除学生的不良记录而不是产生不良记录

既然教育惩戒的目的是德育，是立德树人，那么教育惩戒的立足点也应该是立德树人，为社会培养人。因此，教育惩戒的每一项具体措施都应当是否定学生的问题行为，而不是否定学生本人。教育惩戒的每一项具体措施设计的终结点应当是消除学生的不良记录，把学生引入正轨，而不是产生不良记录，把学生排除出主流社会。

但从目前对中小学生的各种惩罚措施来看，纪律处分要记入学生档案，[①]并且学生档案是未成年学生将来的人事档案的重要组成部分，未成年学生以后的升学、就业、入伍、考公务员、找工作等各种政审环节中

---

① 劳凯声、郑新蓉:《规矩与方圆：教育管理与法律》，中国铁道出版社1997年版，第332页。

都会考察他们的学生档案。因此,纪律处分入档制度是对学生本人所作的否定性评价。

根据 2020 年年底教育部颁布的《中小学教育惩戒规则(试行)》第 10 条、第 19 条的规定,违纪违规情节严重,或者经多次教育惩戒仍不改正的学生,学校可以给予纪律处分,对高中阶段学生,还可以给予开除学籍的纪律处分。这无疑扩大了纪律处分的适用范围。此外,每学期期末,学校还需要将学生受到《中小学教育惩戒规则(试行)》第 10 条所列教育惩戒和纪律处分的信息报主管教育行政部门备案。这些备案记录用途是什么?会不会被用作升学时的考核指标?教育惩戒措施是不是也要记入学生档案?《中小学教育惩戒规则(试行)》对此没有相关规定。而各地关于中小学生纪律处分入档制度的相关规范性文件,比如,各地方的中小学生学籍管理规定、中小学生处分办法等都要求,撤销纪律处分决定需要中小学生本人提出申请,并且规定了从学校校长办公会到学生工作处等复杂的程序。《中小学教育惩戒规则(试行)》第 14 条规定,学校可以提前解除教育惩戒和纪律处分,但没有规定具体程序。因此,各地对于中小学生的教育惩戒和纪律处分解除应该都是根据当地的中小学生学籍管理办法或者中小学生处分办法中关于纪律处分的程序来处理。

对于中小学生来说,很多时候,他们连纪律处分的性质都不清楚,更遑论自己主动申请撤销纪律处分。就算学生本人提出申请了,那么复杂的程序,对于大部分中小学生来说也是很难操作的。

关于纪律处分的来源。我国 1986 年的《义务教育法》并没有规定对学生的纪律处分,但 1995 年颁布《教育法》对纪律处分进行了规定,"学校有权对学生进行学籍管理,实施奖励和处分"。关于纪律处分的具体种类,目前可搜集到的资料,比如 1985 年的江苏省《中小学学籍管理规定》,[①] 1990 年由当时的国家教育委员会颁布的《普通高等学校学生管

---

① 劳凯声、郑新蓉:《规矩与方圆:教育管理与法律》,中国铁道出版社 1997 年版,第 331 页。

理规定》(已废止),也规定了六种纪律处分:警告、严重警告、记过、留校察看、勒令退学、开除学籍。由此,可以看出中小学校的纪律处分是直接沿用了高校的纪律处分,2006年修订的《义务教育法》又明确规定义务教育阶段学生不得开除。由此形成了一套从中小学到高等学校的纪律处分体系。但未成年人是有其特殊性的,我们不能用处分成年人的办法来处分未成年人,因为未成年人对自己的行为性质和行为后果尚未有清醒的认识,让未成年学生用将来的人生为自己年幼无知时犯下的错误买单,是不公平的,更不符合德育的内涵,也不符合教育惩戒作为职务行为的合理性内涵。因此,解除教育惩戒、纪律处分及消除纪律处分不良记录应由学校专职人员依职权积极主动行为,并且将每年能够撤销几个教育惩戒、纪律处分,消除几个学生的不良记录作为该专职人员以及德育教师工作考核的重要内容。唯有如此,才能充分贯彻教育惩戒的德育内涵。

《中小学教育惩戒规则(试行)》明确了教师的教育惩戒权,国家通过立法的形式赋予了中小学教师教育惩戒这一法定职权,将教育惩戒法定化为一种职务行为。职务行为强调合法与合理,这里的理既包括道理也包括伦理道德,所以中小学学校与教师在实施教育惩戒权时都负有德育的责任,需要将德育与教育惩戒融合在一起。

第 7 章 结 语

目前教师实施教育惩戒面临的问题主要包括：一是教师个体被孤立，无法得到学校的支持。学校对家长存在过度迎合的现象。二是家长对自己孩子的关爱两极化：过度关爱与不管不问。三是少数未成年学生只想享受权利却不愿承担义务。

教师实施教育惩戒面临的主要问题源于目前我国未成年人教育领域普遍存在的现实问题：

一是过度强调赏识教育，过度迎合学生、家长、社会舆论等对于赞扬、鼓励等正向反馈机制的不合理要求。一些学校和教师体罚学生的事件，被媒体曝光，引起社会各界广泛关注，特别是学生家长的过激反应和强烈反对。这些事件的确存在，但是细致分析每一起事件，我们都会发现，在这些事件中，绝大多数老师是带着主观善意去开展惩罚的，或许我们过度关注了体罚本身，而没有关注到被体罚的学生的问题行为。从更为普遍的视角考察，这种事件并不多，在目前这种法治环境和家庭、学校关系中家长强势背景下，这种事件的发生概率较低，更多的是教师履行管理教育职责过程中被学生及其家长打击报复的事例。[①]

二是过度关注受惩戒学生的合法权益，忽视对其问题行为的考量。就学生合法权益而言，当前社会普遍存在过度宣扬甚至拔高学生权利的问题，但这个过度关注似乎是有选择性是偏向了被惩戒的学生，难道受

[①] 闻志强：《教育惩戒的中国问题及其应对》，载《大连理工大学学报（社会科学版）》2020 年第 2 期。

该学生问题行为影响的其他学生的合法权益就不应该被保护了吗？比如，在某初中学校，一个初一男孩经常对着女生脱裤子，而老师的口头批评没有任何作用，导致该校女生不敢到校上学，这名男学生的行为不该受到惩罚吗？这是一方面，另一方面，学生作为法律上的人具有平等的人格，其合法权益应当被保护，但学生同样也承担着保护其他学生合法权益，以及对违纪失范行为负担义务的责任。否则，保障未成年人权益将成为姑息纵容未成年人违法犯罪行为的垫脚石。

三是人为地拉升教师和学生的平等法律地位，却忽视和漠视学生的义务。① 教师的教学与学生的受教之间存在天然的差别，作为法律上的人，教师和学生当然是平等的，但在学校里，教师有教育管理的职责，而学生有受教育的义务，这里是不平等，学校管理学生的过程，具有主体不对等性、管理活动的强制性、不以学生的意志为转移等特点。② 学生需要承担必要的法律义务和作为受教育者应当履行的职责。目前对中小学生的关爱和教育，过度关注权利，而忽视甚至无视义务，九年义务教育，不仅仅是权利，更是义务，如果某个未成年人不履行，依照法律，学校和家长都有义务强制这个未成年人履行义务。

四是在介绍和引进国外教育时，有意无意地抛弃了其本来就存在的惩戒教育内容，过于关注和沉迷赏识教育。联合国通过的《儿童权利公约》第 37 条规定，任何儿童不受酷刑或其他形式的残忍、不人道或有辱人格的待遇或处罚。这并不是对于儿童的问题行为不能够处罚，更不是所有接触儿童身体的行为都定义为酷刑，暂时地造成儿童轻微身体疼痛的处罚在很多国家是被允许的。目前我国未能正确引导教育涉事各方正视酷刑与轻微责打的差异，未全面、客观地认识体罚与惩戒，未能促成良好的社会舆论环境以正视教育惩戒的必要性。

---

① 闻志强：《教育惩戒的中国问题及其应对》，载《大连理工大学学报（社会科学版）》2020 年第 2 期。

② 管华：《教育惩戒权的法理基础重述》，载《华东师范大学学报（教育科学版）》2020 年第 3 期。

因此，中小学教育惩戒行为的合理性不仅仅在国家法律的赋权上，更重要的是以下两个关键问题：一是教育惩戒行为的合理性与教师的专业性密不可分。对于未成年人来说，教育惩戒的目的不在于惩戒，而在于教育和保护。在教育过程中，惩戒随时可能以各种形式发生，并因受惩戒者的悔改而随时终结。教育惩戒行为本身就是教育行为密不可分的一部分，与教师的专业性密不可分。

从教育权的发展历程来看，教育权生发于家庭教育权，后来才逐渐出现了社会教育权和国家教育权。所以，对未成年人的教育权与家庭教育权有着密切的联系，也应当包含部分家庭教育权的内容，比如，家庭内部家长对幼年家庭成员出现问题行为或者给自身或他人带来危险时，会进行管教，包括阻止、呵斥、责打。因此，教育惩戒作为教育权的必要组成部分，不可避免地呈现家庭教育的一些特征。

从未成年人本身来看，对未成年人的各种问题行为的惩罚，不应当仅包含文书惩罚这种要么将其赶出学校要么仅对其名誉进行惩罚的形式，还应当包括一些立即制止其身体行为的举措。因为纪律处分这种以作出一纸处罚文书为形式的惩罚对于未成年人来说，不能使其立即感受到惩罚的严重后果，并且容易给其将来的人生留下污点。这就需要具体管理教育行为的介入，需要老师"放手管"。因此，目前的教育惩戒实践首先要做的是树立对教师专业性的信任，树立对教师的信任，重建尊师重教的优良传统。

二是教育惩戒的侵益性与未成年人权益保护并不冲突。任何的惩罚都具有侵益性，教育惩戒也是一种惩罚，当然会侵害被惩戒的未成年学生的某些权益，但并不一定所有侵权的行为都是要承担法律责任的。教育惩戒侵犯被惩戒未成年学生的权益是为了制止该学生的问题行为，是为了保护其他在校未成年人的合法权益和维护学校正常的教育教学秩序。所以，教育惩戒的侵益性具有合法根据。正如《民法典》和《刑法》中阻却违法性的正当事由——正当防卫一样，对正在进行不法侵害的人、被侵害人以及第三人都有权采取行动制止不法侵害，法律允许该制止行为对不法侵害人造成适度的损害；在公共利益、本人或者他人的人身和其他权利正在遭受危险时，法律允许在不得已时损害较小的合法权益，以保护较大的合法权益。因此，针对学生的问题行为，除了教师的教育管理职责，法律上也有正当合法的依据。在面对校园欺凌、校园暴力以及扰乱校园秩序、校园安全，学生携带毒品、危险品等行为时，校方及教师必要时采取武力，完全可以用正当防卫和紧急避险来为自己行为正当性辩护。